Die Sturmflut,
die Nordfrieslands Küste formte

Willi Hansen

Die Sturmflut, die Nordfrieslands Küste formte

Der Untergang der Insel Strand 1634

Bearbeitet und herausgegeben
von Bernd Tetens

BOYENS

In Gedenken an Willi Hansen (1933–1988)

Bibliografische Information der Deutschen Nationalbibliothek:
Die Deutsche Nationalbibliothek verzeichnet diese Publikation in der Deutschen Nationalbibliografie; detaillierte bibliografische Daten sind im Internet über dnb.dnb.de abrufbar.

1984: 1. Auflage, ISBN 3-924989-00-1
1985: 2. Auflage, unveränderter Nachdruck
2022: überarbeitete Neuausgabe,
Bearbeitung: Bernd Tetens
Coverbild: © Arnold Tober, Husum

BOYENS
BUCHVERLAG

ISBN 978-3-8042-1561-0

www.boyens-buchverlag.de

Bis Oktober 1634 hatte Alt-Nordstrand etwa die dreifache Größe der heutigen Insel Nordstrand. Weit dehnte sie sich im nordfriesischen Wattenmeer aus; die jetzigen Inseln Pellworm und Nordstrand sowie die Gebiete von Nordstrandischmoor und der Hamburger Hallig gehörten dazu.

Es war eine prächtige und fruchtbare Insel, die ich ab jetzt Strand nennen werde. Die Menschen, die auf ihr lebten, waren selbstbewusst und eigensinnig; es war ein schwieriges Volk. Nicht selten lehnten sie sich gegen ihre Herrscher auf, und im Dreißigjährigen Krieg kämpften sie gegen übermächtige Heere. Dass sie sich dabei gehörig das Fell versengten, machte ihnen wenig aus; ständig strebten sie nach Eigenständigkeit. Die Strander waren wegen des Deichwesens untereinander zerstritten. Streit und Halsstarrigkeit verdunkelten ihre Vernunft.

Auffällig ist der Widerstand der Strander gegen fremde Hilfe. Sie hatten Angst vor fremden Einflüssen und bangten um die Eigenständigkeit ihrer Insel, um Sitten und Gebräuche und um ihre ungeschriebenen Gesetze. Dennoch holten sie oft fremde Leute zum Deichen auf die Insel. Häufig steigerte sich ihre Abneigung gegen Fremde in Überheblichkeit und Häme. Durch die große Sturmflut von 1362, bei der Rungholt und andere bedeutende Kirchspiele untergingen, hatte die Insel Strand ihre hufeisenförmige Gestalt angenommen. Im Südwesten wurde vom Meer eine tiefe Bucht in die Insel geschlagen, die Rungholtbucht. Bei Sturm staute sich hier das Meer, und es drohte dem Strand die größte Gefahr. Wieder und wieder brach die Flut ins Land. Die Strander hatten gute Gründe, sich gemeinsam gegen das übermächtige Meer zu wehren. Dennoch herrschten weiterhin Streit und Missgunst.

In einer Nacht wurde alles ausgelöscht; am 11./12. Oktober zeichnete das Meer die Landkarte völlig neu und schrieb ein bedeutendes Kapitel friesischer Geschichte. Von den knapp 9000 Menschen kamen etwa 6000 in den Fluten um, 50000 Stück Vieh ertranken, Häuser, Kirchen und Mühlen wurden niedergerissen und die große Landmasse zerschlagen.

Von alldem will ich erzählen – von der Sintflut im Jahre 1634, von dem Leben der Leute auf dem Strand vor der Flut, von ihrem Streit über das Deichwesen, vom Kampf gegen das Meer und gegen fremde Heere im Dreißigjährigen Krieg.

Die Geschichte enthält viel Ungenaues, Unzuverlässiges, aber auch Wunderbares, so wie es die Erzähler oft und gern hinein gewoben haben. Von Generation zu Generation hat die Chronik eine andere Färbung erhalten. Doch eines wohnt allen Überlieferungen inne – die ungeheure Dramatik dieser Sturmflut, die viele vorausahnten und der doch nur wenige entrinnen konnten.

Dieses Buch wetteifert nicht mit der Geschichtsschreibung, doch die tatsächlichen Geschehnisse bilden die Grundlage. Ich meine, dass man dem Auftrag eines Chronisten, zu erzählen, wie es eigentlich zugegangen ist, auch durch das Erzählen von Geschichten gerecht werden kann. Jeder mag für sich Spreu und Weizen trennen.

Der Herbst 1612 war mit heftigen Regenschauern und salzigem Schmutz gekommen; Wolken hingen wie unausgewrungene Aufwischlappen am Himmel; sie wurden von kalten und rauhen Winden über die Insel getragen. Es waren lichtlose Monate mit frühen Nächten. In den Herzen der Menschen war die Stimmung des Verdrusses aufgekeimt. Unversöhnlicher denn je standen die Strander sich im Deichwesen gegenüber; es ging darum, ob die Deichlasten gleichmäßig auf alle Strander verteilt werden sollten oder ob die Bewohner der betroffenen Köge allein für ihren eigenen Deich aufkommen sollten. Die Bewohner aus den sicherer und landeinwärts gelegenen Kögen wehrten sich gegen eine Kostenbeteiligung für eine Verstärkung und Erhöhung des Seedeiches an der ganzen Linie, auch wollten sie sich nicht, zumindest nur sehr gering, an den Leistungen bei Deichschlüssen beteiligen. Es schien, als ob Streit und Halsstarrigkeit ihre Sinne verwirrt hatten.

Ipke Tadsen, den die Leute Ipke Rotfuchs wegen seiner feuerroten Haare nannten, nutzte die gedrückte Stimmung, um gegen Staller Jürgen Maaß und einige Ratsmänner zu hetzen. Diese wollten alle Strander zu den Kosten für die Deicherhöhungen an den gefährdeten Kögen heranziehen. Dagegen wehrte lpke Tadsen sich; sollte jeder Koog seinen eigenen Deich bestellen. Wer nicht deichen wollte, sollte weichen. Er, und so dachten auch andere, versprach sich mehr von der Eindeichung neuer Köge.

Ipke Tadsen besaß im Volgsbüller Koog einen stattlichen Hof. Von der hohen und mächtigen Warft hatte er einen weiten Blick über die flache Insel. Er war Ratsmann im Thing des Strandes und zählte zu den wohlhabendsten Männern der Insel Strand. Er war von kleiner Statur, doch er trug die Kraft auf der Zunge, er konnte ausdrücken, was er dachte, und dies geschah nicht selten spöttisch und selbstgefällig. Seine von Wind und Wetter gegerbte Haut sah aus wie geräuchertes Pökelfleisch. Gegen landfremde Leute hegte er tiefes Misstrauen; überhaupt war er sehr geübt im Bösen.

Um diese Zeit murmelte Ose mit ihrer geschwätzigen Zunge, dass Unheilvolles über die Insel kommen werde, sie wollte nachts eigenartige Himmelserscheinungen wahrgenommen haben, die von Feuer und Wasser kündeten und dass der Tag des Unheils nicht mehr fern sei.

Viele Leute vom Strand ließen sich von Ose wahrsagen. Sie wurde aber auch Hexe und Zauberin genannt, es hieß, dass sie mit dunklen Mächten im Bunde stehe, und sie galt als Mensch mit bitterem Herzen. Sie bewohnte eine hinter dem Deich gelegene windschiefe Kate in der Pellwormharde. Oft zog sie von Koog zu Koog, um den Bäuerinnen ihre kunstvollen Stickereien zu verkaufen. Kein Mensch hatte Ose je ohne schwarzen und bis zu den Knöcheln reichenden Umhang gesehen. Ihr volles dunkles Haar trug sie zu einem dicken Zopf geschlungen.

Das Wetter war so schlecht, dass kein Mensch Haus und Hof verließ. Dennoch drangen Oses Vorahnungen von einem kommenden Unheil über den Strand. Und es schien, als ob sie mit ihrer Vorahnung recht bekommen sollte. Seit Wochen drängte das Meer, aufgepeitscht von stürmischen Winden, gegen Deiche, Siele und Schleusen; die Nordsee glich einem Raubtier, das mit seiner Beute spielte.

Am 15. September und am 21. Oktober 1612 packte sie zu, die Flut brach ins Land und wälzte alles nieder. Seit achtzig Jahren hatte man auf dem Strand keine so hohe und verheerende Flut mehr erlebt. Etliche Köge wurden überflutet. Nur mit Mühe und in letzter Minute konnten sich Menschen, die auf dem flachen Land und in kleinen Häusern lebten, vor der hereinbrechenden Flut auf höheren Warften und in den Nachbarkögen in Sicherheit bringen. Gebäude stürzten ein, Vieh und Gut kamen in den Fluten um.

Am schlimmsten hatte die Sturmflut den Kögen Stintebüll, Brunock und Illgrof in der Rungholtbucht zugesetzt. Viele Menschen standen plötzlich vor dem Nichts; die Flut hatte sie bettelarm gemacht.

Andere Köge und Kirchspiele waren glimpflicher davongekommen. Das Meer war zwar an vielen Stellen über die Deiche geschwappt, hatte die gesamte Wintersaat vernichtet und weite Strecken des Deiches stark beschädigt, doch Deichbrüche hatte es nicht gegeben. Die Menschen waren nicht gefährdet worden, die Not nicht so bitter wie in den Kögen der Rungholtbucht. Dort hatte der Blanke Hans große Wehlen in den Deich geschlagen und die Nordsee hatte freien Zulauf. Wie auf den Halligen bestimmten Ebbe und Flut das Geschehen in den Kögen. Das Wasser fraß immer tiefere und breitere Rinnen in das Land.

Der Staller fand eine trostlose Landschaft vor, als er zu Ross die betroffenen Köge besichtigte. Die Kleiwege waren in unpassierbare Schlammpfuhle verwandelt worden. Staller Jürgen Maaß ritt feldein, vorbei an zertrümmerten Häusern und Mühlen; ein Bild der Zerstörung lag vor ihm. Er erreichte den Außendeich, der auf weiten Strecken angeschlagen war. An den Sielen von Stintebüll und Brunock war der Deich glatt durchbrochen und an anderen Stellen glich er einer Mondlandschaft. Für ein Pferd war der Deich kaum noch begehbar. Er ritt daher wieder landeinwärts. Menschen, die Trost und Hilfe suchten, sprachen ihn an; viele hatten kein Dach über dem Kopf, es fehlte an Nahrung und Kleidung.

Als die Dämmerung sich auf das Land senkte, machte Jürgen Maaß sich auf den Heimweg. Durch den katastrophalen Zustand der Köge war er innerlich aufgewühlt; schwere Zeiten standen bevor. Zunächst galt es, die zerstrittenen Gruppen zu einen. Die Strander hatten in Jürgen Maaß einen guten Staller, der schon 1588 sein Amt auf der Insel angetreten hatte. Der Staller hatte darauf zu achten, dass Recht und Gesetz beachtet, Anordnungen und Absichten des Herzogs auf Gottorp durchgeführt wurden. Die Strander machten es Jürgen Maaß nicht immer leicht; sie wollten weitgehend selbst über die Geschicke ihrer Insel befinden, und nicht selten wünschten sie den Staller samt Herzog zum Teufel.

Einst hatten die Herrscher in Gottorp Jürgen Maaß jegliche Unterstützung zuteil werden lassen. In Anerkennung seiner Leistungen war er vom Herzog geadelt worden. Heute war alles anders. Kälte und Abweisung schlugen ihm aus dem Herrscherhaus entgegen.

Jürgen Maaß hatte in der Vergangenheit nicht immer eine glückliche Hand bewiesen, wenn es um seine eigenen finanziellen Dinge ging. Schuldzinsen und andere hohe Lasten lagen auf seinem Anwesen. Trotz Hilfe einiger wohlhabender Strander sah des Stallers Zukunft nicht rosig aus. Das Volk munkelte, dass der Herzog ihn seines Amtes entheben wollte. Ipke Tadsen, den die Leute vom Strand Rotfuchs nannten, schürte kräftig Gerüchte: wer als Mann seine eigenen Angelegenheiten nicht ordnen könne, sei als Staller für den Strand ungeeignet. Fürwahr, keine guten Aussichten für Jürgen Maaß, die vielen Probleme zu lösen und die zerstrittenen Strander zu einen.

Dennoch schrieb der Staller dem Herzog nach der Besichtigung der zerschundenen Köge und bat um Hilfe für die bedrängten Strander. Mit Hilfe aus Gottorp und Unterstützung aller Kirchspiele könnte den Menschen von Stintebüll, Illgrof und Brunock noch in diesem Winter der Deichschluss gelingen.

Für die folgende Woche hatte Staller Jürgen Maaß den Dreihardenrat einberufen. Sein Einfluss auf die mächtigen Ratsmänner der Insel war nunmehr gering. Er setzte daher auf Hunne Feddersen, Ratsmann aus der Trendermarsch, auf den Thing einzuwirken und ihn für eine gemeinsame Sache im Deichwesen zu gewinnen. Der alte Hunne Feddersen war ein

Mann mit Gewicht und Autorität; sein Wort galt, und vielen stand er mit Rat und Tat zur Seite. Oft wirkte er ausgleichend, wenn im Thing die unterschiedlichen Gemüter bewegt und hitzig aufeinander prallten.

Die Ratsmänner mussten handeln; die Not war drückend, die Gefahr groß. Es ging nicht nur um die drei betroffenen Köge, sondern auch um die Frage, wie weit die angeschlagene Rungholtbucht eine Bedrohung für den ganzen Strand war. Es gab genügend Zündstoff, als der Thing unter Jürgen Maaß zusammentrat.

Ratsmann Hans Ingwersen erhob als erster das Wort. Er sprach von den furchtbaren Auswirkungen der letzten großen Sturmflut. Die Stintebüller, Illgrofer und Brunocker seien allein nicht in der Lage, die Deichbrüche zu schließen. Überließe man die Betroffenen ihrem Schicksal, so werden die Köge endgültig verlorengehen und bei der nächsten Sturmflut würden dann die Nachbarköge heimgesucht werden, und so werde es immer weitergehen, bis das Meer sich durch die ganze Insel gefressen habe. Er forderte Hilfe von den übrigen Strandern.

Hans Ingwersen besaß einen Hof in Stintebüll, der zu den größten des Strandes gehörte. Die Warft war so hoch und mächtig, dass die Fluten dem Anwesen bis heute nichts hatten anhaben können. Der geschäftstüchtige Ratsmann besaß auch große Ländereien in anderen Teilen der Insel. Sein Vermögen schien sich unablässig zu vermehren. Dass man ihm die Sorge um den ganzen Strand nicht so ohne weiteres abnahm, wurde sogleich bei den Ausführungen von Edlef Nickelsen erkennbar. „Die Koogsleute der Rungholtbucht sollen umgehend Mann für Mann an die Arbeit gehen oder ihr Land verlassen, damit andere kommen, den Deich zu schließen und das Land in Eigentum zu übernehmen." „Macht es", rief der streitsüchtige Ipke Tadsen dazwischen, „wie wir es in Volgsbüll und wie es anderswo getan wird: ein jeder Koog sorgt für seinen eigenen Deich." Es sei nicht einzusehen, warum andere die Lasten für die Deichschäden in der Rungholtbucht aufgebürdet bekommen sollten. Ein jeder habe genug in seinem eigenen Koog zu tragen.

Dabei verschwieg er, dass Volgsbüll zu den Kögen gehörte, die weit weniger von der Nordsee bedrängt wurden. Die Lasten waren entsprechend niedriger, da diese Köge weiter landeinwärts oder geschützter lagen.

Nicht genug damit, er beschuldigte mit lauter und dünner Stimme Hans Ingwersen des Eigennutzes und des scheinheiligen Getues. Die Leute aus der Rungholtbucht verließen sich nur auf die Hilfe anderer. Auch solle man bei künftigen Deicharbeiten keine weiteren landfremden Arbeiter ins Land holen. „Dieses Gesindel", so Ipke mit spitzer und böser Zunge, „verdirbt unsere guten Sitten und vermischt sich mit den Strandern." Hier hatte er eine Sache angesprochen, in der sich fast alle einig waren; die Abneigung gegen Landfremde. Lang wurde darüber diskutiert.

Es war Hunne Feddersen, der den Thing ermahnte, vordringlich den zerstörten Deich und den notwendigen Deichschluss bei Stintebüll und Brunock zu sehen. „Vergeuden wir nicht Kraft, Zeit und Wissen in unnötigem Streit. Gewiss, die Lasten sind hoch und drücken uns alle, doch bedenkt, dass die Fluten ständig steigen und die Gefahr zunimmt." Dann ging der alte Ratsmann Hunne Feddersen auf ein Anliegen ein, das ihn seit Jahren bewegte und das er ständig dem Thing vortrug: die Erhöhung und Verstärkung des Seedeiches an der ganzen Linie des Strandes.

Als Staller Jürgen Maaß den Thing schloss, hatte man sich geeinigt, dass die Deichbrüche von den betroffenen Koogbewohnern unter Mithilfe aller geschlossen werden sollten. Mit Gottes Hilfe, so der Staller, werde man der drohenden Flut Herr werden.

Die Flut hatte den Deich an vielen Stellen schwer mitgenommen. In den folgenden Wochen machte sich jeder Koog daran, seine Deichschäden zu beheben. Der Winter war mit Frost gekommen und erschwerte die Arbeiten, die unterschiedlich vorankamen. Kaum Fortschritte erreichten die Leute von Stintebüll und Brunock; die Wehlen waren einfach viel zu groß, die täglich zweimal hinein- und herausströmende Flut zu mächtig.

Für Anfang des neuen Jahres war ein gemeinsamer Deichschluss geplant. Aber schon jetzt versuchten einige, sich von diesem Vorhaben abzusetzen. Allen voran Ipke Tadsen und Nickels Edlefsen. Sie wollten ihre Bemühungen eher auf die Eindeichung neuer Köge konzentrieren. Das neugewonnene Land würde ihre Höfe vergrößern und später Gewinn abwerfen.

Als es dann soweit war, die Wehlen zu schließen, strömte viel Volk zusammen. Hunderte von Männern versammelten sich am 15. Februar an der Bruchstelle. Es war noch dunkel, die ersten Arbeiten mussten bei Fackelschein verrichtet werden. Gurgelnd und schäumend strömte das Wasser aus dem überschwemmten Land ins Meer. Mehrere gewaltige Eichenpfähle huben sie in den Boden. Und selbst Leute, die sonst nur herumkommandierten, legten diesmal Hand mit an.

Der Plan sah so aus: ein Schiff sollte quer in der Wehle versenkt werden und dem Strom Einhalt gebieten; Kleierde,

Stroh- und Weidenbündel auf das Boot gepackt werden. So wollte man einen Damm herstellen, eine Verbindung zwischen den zerschlagenen Deichenden.

An langen Seilen und auf vielen Rollen wurde das Boot zur Bruchstelle gezogen und ins Wasser gelassen. Der Wind, der aufholte und die Sache erschwerte, drückte gegen den Strom, unruhig und gurgelnd schoss das Wasser dahin. Das Boot lag quer im Strom der Wehle. Es war fest an den stabilen Pfählen vertäut. Mit ungeheurer Wucht presste sich das Wasser gegen das schlingernde Schiff. Noch hielten die Taue, noch lag es fest.

Viele Männer befanden sich auf dem Boot, das immer bedenklicher schlingerte, um die herabstürzenden Kleimassen und anderen Materialien zu verstauen.

Hunderte von Augenpaaren verfolgten gespannt das Geschehen. Würden die Seile halten? Würde das Boot den Kräften standhalten oder zerbrechen? Plötzlich, ein Seil löste sich und das Boot schoss mit ungeheurer Gewalt gegen die Eichenpfähle, drehte sich wie ein Kreisel und kenterte. Lähmendes Entsetzen! Einige der Männer konnten sich retten, sie wurden von der wirbelnden Flut an Land gespült. Zwei wurden lebendig unter den abstürzenden Erdmassen begraben, und zwei der Männer hat die Strömung aufs Meer hinausgetragen. Die Menschen an der Bruchstelle sahen entsetzt hinaus auf die schmutzige Brandung, wo die treibenden Körper auf die Wellen gehoben wurden und dann im Zusammenstürzen wieder unter Wasser verschwanden.

Der Plan war auf tragische Weise fehlgeschlagen. Das Wasser hatte weiterhin Zufluss und setzte das Werk der Zerstörung fort. Zu einem späteren Zeitpunkt wollte man einen neuen Versuch unternehmen. In den betroffenen Kögen machte sich Verzweiflung breit.

Zwischen den Arbeiten am Deichbruch vergingen die Tage und Wochen, aber der Erfolg stellte sich nicht ein. Im Sommer hatte es Baumeister Speerfork mit einer großen Holzbrücke versucht. Vergeblich. Die Brücke stürzte ein und trieb hinaus aufs Meer. Im Spätsommer holten die Strander aus Risummohr den tüchtigen Baumeister Lauersen auf die Insel. Es ist jedoch eine alte Erfahrung, dass wenigstens zwei Missgeschicke aufeinander folgen; auch ihm gelang es nicht, den Deich zu schließen und die Flut zu stoppen.

Eine verzweifelte Lage. Die Bewohner in den bedrohten Kögen waren zu weiteren Anstrengungen kaum noch in der Lage. Ihre Willenskraft ließ nach. Zur Wintersaat werde es diesmal nicht kommen. Sie stellten sich bereits auf einen zweiten Winter mit einem offenen Deich ein und lebten zwischen Hoffen und Bangen.

Das Hauptinteresse des Strandes galt 1613 weniger den bedrängten, sondern mehr den heranwachsenden Kögen. Jeder Koog hatte seine eigenen Belange. Gleich drei Köge schritten ihrer Fertigstellung entgegen. Jahrzehntelang hatte man geplant, gearbeitet und erhebliche Geldmittel aufgebracht, endlich wollte man an den Vorzügen des neu gedeichten Landes teilhaben. Und dies war verständlich. Die Insel wurde größer.

Größer wurden vor allem einige Bauernhöfe des Strandes. Zu ihnen gehörte auch der von Edlefsen in der Pellwormharde. Sein Hof zählte mittlerweile zu den größten auf der Insel. Ratsmann Nickels Edlefsen hatte weder Mühe noch Kosten gescheut, das im Nordwesten gelegene Balumer Vorland zu bedeichen. Zimperlich war er nicht vorgegangen. Dem Herzog hatte er geschrieben, dass die Eindeichungsvorhaben bei Volgsbüll und Hamm im Osten des Strandes für die Insel von keinerlei Bedeutung seien. Der Herzog möge vielmehr das Balumer Vorhaben in Pellworm unterstützen.

Dazu kam es jedoch nicht; der Wester-Neu-Koog, das eingedeichte Balumer Vorland, musste aus eigenen Mitteln bestritten werden. Der bereits angeschlagene Staller Jürgen Maaß geriet durch die Pellwormer ins Gerede. Es schwirrten allerhand Gerüchte über den Strand. So soll er für sein Wohlwollen gegenüber dem Pellwormer Vorhaben hundert Demat Land bekommen haben. Aber auch die Volgsbüller winkten ihm mit fruchtbarem Boden.

Von lpke Tadsen und Nickels Edlefsen hieß es, dass sie selbst mit dem Teufel paktierten, wenn es um die Gewinnung von Neuland gehe und wenn sich ihre eigenen Ländereien dadurch noch weiter vermehrten. Neid und Missgunst auf dem Strand waren groß. Wie ein Handelreisender war Ipke Tadsen am Hof von Gottorp für das Völgsbüller Vorhaben vorstellig geworden. Gift und Galle hatte er gespuckt, als es schien, dass die Leute von Hamm ihm dort schon den Rang abliefen und mit größerer Unterstützung rechnen konnten. Schließlich wurden doch alle drei Köge, der Wester-Neu-Koog, der Volgsbüller und der Neu-Hamm-Koog fertiggestellt. Bei diesen Deicharbeiten im Jahre 1612 hatte man auf dem Strand erstmalig ein völlig neues Gerät benutzt, die Schubkarre, auch Rollwagen genannt.

Trotz aller Querelen waren die meisten Strander mit sich und der Welt zufrieden. Die Gewinnung dreier Köge war eine vorbildliche Leistung. Man wiegte sich hinter den Deichen wieder in Sicherheit. Die Insel war reich, viele lebten im Überfluss. Mahnende Stimmen zu mehr Gemeinsamkeit im Deichwesen und zu mehr Unterstützung der bedrängten Köge wurden weitgehend in den Wind geschlagen. Die Leute von Stintebüll und Brunock sollten sich selbst mehr um ihre Deiche kümmern und sich weniger auf andere verlassen.

Jeder legte das Deichrecht zu seinem Vorteil aus, keiner wollte des anderen Last tragen. Nicht selten wurde das Schicksal in Not und Bedrohung geratener Köge als Selbstverschulden bezeichnet. Letztlich stehe es jedem frei, den Spaten in den Deich zu stecken und das Land zu verlassen. Staller Jürgen Maaß war zu verstrickt in seine persönlichen Schwierigkeiten, um mit nötiger Strenge, Umsicht und Respekt die Geschicke des Strandes zu leiten.

Glück und Tragik der ganzen Insel hingen weitgehend vom Meer ab. Das Leben war seit jeher von den Launen der Natur, von den großen Fluten beeinflusst worden. Doch Wohl und Wehe der Strander wurde auch von den mächtigen und wohlhabenden Leuten der Insel bestimmt. Die friesische Freiheit auf dem Strand war eng mit Besitz und Wohlstand verbunden. Die meisten Strander waren besitzlos, und ihre Freiheit wurde vom Herrscher und von den Besitzenden festgelegt.

Der Herbst verabschiedete sich mit kräftigen Südweststürmen, die Gott sei Dank kein Unheil am Deich anrichteten. Der Winter kam mit viel Frost und Schnee und deckte das Grau der Insel mit einem weißen Mantel zu. Und schon stellten sich Frühling und Sommer ein. Das Leben nahm seinen Lauf.

In einem kleinen reetgedeckten Haus in der Nähe des Westerwolder Siels wohnte die Familie von Melf Paysen, der beim Deichschluss bei Stintebüll ums Leben gekommen war. Seine Frau Elke lebte hier mit ihren fünf Kindern und dem Vater ihres Mannes, dem alten Pay Jensen, auf engstem Raum.

Diese Familie gehörte zu den Leuten des Strandes, die in ärmlichen, notdürftigen Verhältnissen lebte. Sie verdienten ihren Unterhalt im Deichbau oder in der Landwirtschaft. Einige dienten als Knechte und Mägde.

Tapfer schlug sich Elke mit Arbeiten auf den umliegenden Höfen durchs Leben. Unterstützt wurde sie von Pay Jensen, der trotz seines hohen Alters noch viele Tätigkeiten verrichtete. Dazu gehörte auch der Fischfang in den Prielen des Wattenmeeres.

In den letzten Tagen hatte der alte Mann seine selbst geknoteten Netze draußen am Gröder Tief aufgestellt. Heute nun, der Abend war nicht mehr fern, machte er sich auf den Weg, um die Netze zu leeren, den Fang an Land zu holen. Er erklomm die Böschung des Seedeiches, lief zum Siel und von dort hinaus auf das unbedeichte Vorland. Die Sonne stand tief am Himmel. Der alte Mann blickte zurück und sah den grünen Deich entlang, der in großem Bogen zum Horizont verlief. Eine dünne Rauchfahne zeigte ihm das heimische Haus.

Pay Jensen verließ den festen Boden. Vor ihm lag die Einsamkeit des Watts. Wie schwimmende Schiffe sahen die in der Ferne liegenden Halligen aus. Er blickte suchend nach den Netzen in der grauen Einöde. Wasser spritzte an ihm empor, und neben und vor ihm schlugen krächzend die Seevögel auf. Laut klagend stürzten sie sich auf den einsamen Wanderer, aber knapp über seiner Mütze schossen sie wieder steil nach oben. Lärmend zogen sie ihre Kreise; sie sahen aus wie weiße Pfeile in der Dämmerung. Pay Jensen störte es nicht, für ihn waren es vertraute Geräusche, die ein wenig die Eintönigkeit unterbrachen und ihm das Gefühl des Alleinseins nahmen.

Er näherte sich dem Priel am Gröder Tief. Als er die Netze erreichte, strömte das Wasser bereits landeinwärts. Er beobachtete die nahe Flut, die sich bedenklich näherte; Eile war geboten. Butt um Butt hatten sich in den Netzen verstrickt und gefangen. Geschickt wanderten sie in einen alten Leinensack, den Pay Jensen sich um den Leib gewunden hatte. Weiter draußen, direkt am Gröder Tief, stand noch ein weiteres Netz. Die Flut wurde immer drängender, die Dämmerung stärker. Der Strand war nur noch schwach, die Halligen überhaupt nicht mehr zu sehen. Das Rauschen der nahenden Flut drang über das Watt zu ihm. Er überlegte, ob er nicht doch lieber den Heimweg antreten sollte. Dennoch, er begab sich weiter zum Gröder Tief.

Es wurde von den Leuten des Strandes auch als „Hexentief" bezeichnet. Grauenhaftes hatte sich hier einst zugetragen, und Anne Truvels, die Hexe von Buphever, hatte die Sache mit ausgeheckt. Man erzählte sich, dass sie dafür mit Recht bei lebendigem Leib verbrannt worden sei. Mit weit ausholenden Schritten näherte sich Pay Jensen dem Netz am Hexentief. Er dachte an die Geschichte, die sich vor nunmehr knapp fünfzig Jahren zugetragen hatte. Er konnte sich noch gut daran erinnern.

Sonderliche Dinge waren von der schönen Anne Truvels ausgegangen. Betrat sie in der Dämmerstunde ein fremdes Haus, so sollte hier noch im selben Jahr der Tod eingekehrt sein. Kein Wunder, dass die Leute sie wie die Pest mieden. Überall, wo unheilvolle Dinge geschahen, vermutete man den bösen Geist der Hexe Anne Truvels.

Die tragische Geschichte beim Gröder Tief spielte sich so ab: Mume Knudsen, ein reicher Bauer des Strandes, hatte an einem nebligen Tag seine Magd mit Kind dem nassen Tod im Tief übergeben. Der Bauer führte eine freudlose und kinderlose Ehe. Anders sein Verhältnis zu der Magd Süster, die ungewollt ein Kind zur Welt brachte. Der Ehebruch galt auf dem Strand als Todsünde. Mume Knudsen fürchtete um seinen guten Ruf. Die Tat musste ungeschehen gemacht werden, aber wie? Ihm fiel dazu Anne Truvels, die Hexe aus Buphever, ein. Sie würde sicherlich einen Rat wissen, ihn von Süster und ihrem Kind zu befreien.

So begab er sich zu mitternächtlicher Stunde zu Anne Truvels, die in einer kleinen Hütte in Buphever hauste. Zusammen heckten sie den Plan aus, Süster und ihr Kind im Gröder Tief zu ersäufen. Und so geschah es dann auch. An einem nebligen Tag fuhr Mume Knudsen mit Mutter und Kind hinaus zum Gröder Tief. Hier spielte sich die Tragödie ab. Brutal warf er beide über Bord. Der Säugling wurde sofort von der Strömung ergriffen und ins Meer hinausgetragen. Er wurde nie gefunden. Die tote Süster wurde am nächsten Tag von Fischern entdeckt. Hände und Arme waren völlig zerschunden, und am ganzen Körper hatte sie furchtbare Schwellungen. In ihrer Todesangst hatte sie vergeblich versucht, sich am Bootsrand festzuhalten. Mume Knudsen hatte jedoch so lange mit dem Riemen auf sie eingeschlagen, bis Süster die Kräfte verließen und sie an der tiefsten Stelle des Stromes versank.

Diese grausame Tat blieb nicht unentdeckt und ungesühnt. Damals herrschte der strenge unbestechliche Staller Hans Petersen auf dem Strand. Mume Knudsen hielt sich für unschuldig; er gab an, von Anne Truvel verhext worden zu sein, nur sie trage die Schuld.

Das Volk vom Strand hatte schon seit geraumer Zeit harte Strafen für Anne Truvels gefordert. Und jetzt meinte es, dass weniger Mume Knudsen, sondern eher die Hexe aus Buphever schuldig sei. Ähnlich sah es auch der Thing. Anne Truvels wurde noch im selben Jahr, anno 1565, verbrannt. Mume

Knudsen wurde zum Rad verurteilt. Er wurde so heftig gerädert, dass er im Dezember desselben Jahres verstarb. So hatte der Strom zwischen dem Strand und der Hallig Gröde den Namen „Hexentief“ bekommen.

Diese Geschichte ging Pay Jensen durch den Kopf, als er den Strom erreichte. Die Netze standen bereits tief unter Wasser. Dunkelheit hatte die Dämmerung abgelöst. Das Wasser benetzte ihm schon die Füße, als er kehrtmachte, um die Insel zu erreichen. Doch wo lag sie, die Insel, auf der Elke mit ihren Kindern sicherlich in Sorge auf ihn wartete? Der alte Mann war vertraut mit dem Wattenmeer, doch die Dunkelheit nahm ihm die Orientierung.

Aus Prielen und Rinnen schoss das Wasser schäumend heraus. Die Flut kam von Nordwesten heran, urplötzlich überschwemmte sie den ganzen Wattenboden. Pay Jensen war alleine, ganz alleine. Angst und das aufkommende Wasser hemmten jeden Schritt. Das Wasser stieg, Kälte drang durch die Kleidung und ergriff seinen Körper. Nur noch mühsam bewegte er sich vorwärts. Entsetzen befiel ihn. Und er ahnte, dass er den falschen Weg eingeschlagen hatte, dass er seine Insel wohl nie mehr erreichen würde. Um ihn herum nur zischendes und in vielen Strudeln umherwirbelndes Wasser.

Der alte Mann verlor den Halt, wurde von der reißenden Strömung erfasst und über das uferlose Watt getragen. Endgültige Dunkelheit umgab ihn. Zwei Tage später fanden ihn Deicharbeiter auf dem Vorland von Westerwold, ganz in der Nähe seines Hauses.

Die Jahre vergingen rasch für die, die alterten, die zufrieden und sicher lebten. Anders für die Menschen aus den Kögen Stintebüll, Illgrof und Brunock. Für sie schleppte die Zeit sich quälend und mühsam dahin. Vergeblich waren alle Mühen des Deichschlusses bislang gewesen. Tagtäglich überschwemmte das Meer das Land.

Schlamm lag auf den ehemals grünen Fennen, die Äcker waren salzig und konnten nicht bestellt werden, Ströme und Priele zerfurchten die Köge und immer mehr Häuser stürzten ein. Der Zustand war erschreckend. Nur höher gelegene Häuser waren bewohnt. Die meisten Leute waren von Armut und Angst vertrieben. Sie waren entweder ganz von der Insel weggezogen oder hatten vorübergehend eine Bleibe in den Nachbarkögen gefunden. Das Ende der Tragödie war nicht abzusehen. Die Menschen waren in ihren Herzen tief getroffen.

Aus eigener Kraft konnten sie nicht weiterkommen. Vom Herzog und von den anderen Kögen war kaum mehr Hilfe zu erwarten. Der Thing stellte sich bereits darauf ein, die Köge aufzugeben. Der alte Seedeich sollte nicht wieder instand gesetzt werden, statt dessen wollte man die angrenzenden Mitteldeiche als Außendeiche ausbauen. Diese sollten dann das Meer von ihren Kögen fernhalten.

Letztlich wollte man nach dem alten Deichrecht verfahren, den Deich in der Rungholtbucht zu schließen. Die jetzt überfluteten und später dann neu bedeichten Köge sollten dann aber nicht den jetzigen Eignern verbleiben, sondern an diejenigen fallen, die sich am Deichschluss beteiligt hatten. Im Dreihardenrat, im Thing, setzten sich Ipke Tadsen, Peter Andersen und Nickels Edlefsen mit dieser Überlegung durch. Eine entsprechende Verordnung wurde erarbeitet und sollte den Bewohnern aus den drei betroffenen Kögen auf einer Ratsversammlung mitgeteilt werden. Die Lage sah für die Koogbewohner düster aus.

Im Rats- und Gerichtssaal auf dem prächtigen Stallerhof herrschte Schwüle, als Ratsleute, Staller und Landeigner von Stintebüll, Illgrof und Brunock sich versammelten. Es war Nickels Edlefsen von der Pellwormharde, der den Menschen aus den Kögen die für sie bittere Verordnung vortrug.

„Ihr seht, Landsleute“, begann er, „wie aussichtslos es um eure Sache steht und wie zwecklos alle Anstrengungen gewesen sind, mit denen wir euer Land schützen wollten. Gewiss, wenn nicht bei euch selbst erhebliche Schuld läge, würden wir großes Mitleid mit euch empfinden. Ihr habt aber aus reiner Fahrlässigkeit die Flut ins Land geholt und euch unseren Anstrengungen nicht selten in unsinniger Weise widersetzt.“

In wenigen Sätzen machte er deutlich, worin die Ratsleute die Schuld sähen. 1611 hatten die Illgrofer ihre baufällige Schleuse dichtgemacht, statt sie zu erneuern. Als der Herbst mit viel Regen, der Winter mit Schnee gekommen war und die Felder im Frühjahr überschwemmten, durchstachen sie kurzentschlossen den Illgrofer Seedeich, um das angesammelte Wasser aus ihren Kögen abfließen zu lassen. Es gelang den Bewohnern dann jedoch nicht, den Deich wieder vernünftig zu schließen. Und genau an dieser Stelle brach im Herbst 1612 die Flut ins Land. Allgemein sah man die Ursache des Unglücks in diesem Geschehen.

„Sollen wir“, rief Ipke Rotfuchs mit lauter Stimme dazwischen, „für eure Dummheit, für euer leichtfertiges Handeln und für eure Untätigkeit zahlen? Nein, niemals!“ Unruhe machte sich im Raum bemerkbar. Immer und immer wieder musste Staller Jürgen Maaß auf den Tisch schlagen und Ruhe gebieten, denn das Volksgemurmel wollte nicht verstummen.

Der Staller forderte Nickels Edlefsen auf, dass dieser mit seinen Ausführungen fortfahren möge.

Doch Peter Andersen, Ratsmann aus Königsbüll, rief in den Saal, dass man ehemals Leute, die mutwillig Schleusen beschädigten und Deiche durchstachen, als Schwerstverbrecher bestraft hätte. Die Täter seien für ihre Missetaten bei lebendigem Leibe verbrannt worden. „Und ihr könnt fürwahr von Glück sprechen, dass eine solche Strafe nicht über euch kommt." Daraufhin beschimpfte Hans Ingwersen ihn als Ketzer, und er wünschte ihm die Pest an den Hals.

Auf dem Strand war landläufig bekannt, dass beide Ratsmänner seit Jahren eine erbitterte Fehde austrugen. Energisch beendet Staller Jürgen Maaß die vor der Ratsversammlung entfachte Auseinandersetzung.

Nickels Edlefsen konnte endlich fortfahren. „Wir haben", sagte er, „für eure Interessen keine Mühe gescheut und müssen für das geliehene Geld hohe Zinsen aufbringen. Gewiss, wenn wir auf diese Weise fortführen, ihr, indem ihr weiter untätig dasitzt, und wir, indem wir uns vergeblich bemühen, dann würden wir sicher unser ganzes Vermögen verlieren und ebenso in Armut versinken wie ihr."

Der Redner forderte die Koogbewohner auf, aus eigener Kraft ihr Land zu schützen, oder sie sollten ihre Felder aufgeben. Im Ratssaal herrschte Stille, als er seine Ausführungen beendete: „Verzichtet jetzt hier auf jedes Besitzrecht, damit wir übrigen eure Köge bedeichen können. Das Land gehört dann uns für Kosten und Arbeit. Lehnt ihr aber ab, so leistet ihr eurer Heimat einen schlechten Dienst, und wir sind nicht mehr bereit, euch Hilfe zu bringen, sondern wollen unsere Mitteldeiche zu solcher Höhe ausbauen, dass niemals von euch her eine Überflutung zu uns herüber kommen kann." Die Verordnung des Things sei endgültig. Betroffenes Schweigen machte sich unter den Koogbewohnern breit, bevor Hans Ingwersen das Wort ergriff. „Das bringt uns um Haus und Hof. Keiner hat das Recht, uns den Besitz zu nehmen, den wir vom Vater und Vatersvater geerbt haben.“ Wenn von Nachlässigkeit und Schuld die Rede sei, so träfe dies auf alle Strander zu. Diese hätten sich gedrückt und das dringende Werk immer wieder aufgeschoben. „Wir erwarten, dass die Ratsversammlung uns nicht im Stich lässt, und dass ohne Ausnahme alle Landsleute der Insel, und dies ohne Bezahlung und Belohnung, zur Wiederherstellung unserer gebrochenen Deiche verpflichtet werden.“

Mit weit ausholenden Handbewegungen und zorniger Stimme rief Hans Ingwersen, „wenn uns von den Landsleuten kein Beistand geleistet wird und wir keine Hilfe bekommen, ist klar, dass wir alleine durch diesen Umstand unser Land verlassen müssen. Und das Land werden wir dem Meer überlassen, denn es kann und darf uns von niemand entrissen werden.“

Groll und Missgunst saßen tief, die Gegensätze schienen unüberbrückbar. Hunne Feddersen vom Trendermarsch vermochte hier nur wenig zu bewirken. Schuld und Versäumnisse lägen bei allen. Er sprach davon, dass die Insel wie ein Boot sei, indem alle Strander säßen. Schlage dieses Boot leck, und drohe es zu versinken, so seien alle Strander dem Untergang geweiht.

„Tun wir nicht so“, meinte der besonnene Mann, „als ob wir uns auf einem unsinkbaren Schiff befinden. Unnützer Streit verdunkelt nur unsere Vernunft.“ Es stehe schlimm um des Strandes Zukunft, wenn Streitsucht und Halsstarrigkeit nicht bald von Einsicht und von einem Mehr an Miteinander abgelöst würden. Hunne Feddersen stimmte die versammelten Leute zwar ein wenig nachdenklich; dennoch ließ keiner von seiner Meinung ab. Als die Leute sich nach dieser Ratsversammlung auf den Heimweg machten, war keiner zufrieden, und die betroffenen Koogbewohner blickten gramvoll in die Zukunft.

Es kam der Frühling und dann der Sommer. Die Hardenverordnung hatte kaum etwas bewirkt; der Deichbruch war immer noch nicht geschlossen. Da griff der Herzog ein, um dem Streit ein Ende zu machen. Er bangte um den Bestand der Insel; er fürchtete ein Auseinanderbrechen bei einer großen Flut.

Der Herzog verfuhr nach dem alten Spandelrecht; derjenige, der seinen Deich nicht machen konnte und wollte, musste sein Land verlassen. Der Herzog wollte sich an den Kosten beteiligen, auch sollte der ganze Strand herangezogen werden. Für die Bewohner der drei Köge erließ er eine Sonderordnung: Diese sollten die von ihnen gewünschte Dematzahl angeben. Entsprechend sollten die Kosten umgelegt werden. Da die meisten verarmt waren, liefen sie erbittert Sturm gegen diese Regelung. Es half ihnen nichts; sie erreichten zwar einen Aufschub, abwenden konnten sie die Sache nicht.

Dann kam der Tag; es war der 26. August 1615. Auf dem Gottesacker der Illgrofer Kirche sollten sich alle versammeln. Wer sich eintrug, hatte mit entsprechend hohen Folgekosten zu rechnen, wer dies nicht tat, verlor Haus und Hof. Ein Teufelskreis, aus dem es kein Entrinnen gab.

Der Abend brach bereits an, als die Leute sich auf den Weg machten. Weit hallte der Glockenschlag der Illgrofer Kirche über die Insel: er rief die verzagten Stintebüller, Illgrofer und Brunocker zusammen. Durch die zerschundenen Köge zogen sie zum Versammlungsort. Die Wege lagen leer und tot und ein wenig unheimlich vor ihnen. In der Ferne schimmerte bläulich die Kirchturmspitze. Die Leute begriffen, dort würde sich ihr Schicksal entscheiden.

Es kamen auch jene Koogleute, die zwischenzeitlich in den Nachbarkögen untergekommen waren. Diese liefen durch eine prächtige Landschaft. Einem gutem Frühjahr war ein fruchtbarer Sommer gefolgt; alles wuchs und blühte. Eine überaus gute Ernte stand bevor.

Die Insel hatte ihr schönstes Kleid angelegt. Wie Wellen warf der vom Wattenmeer herübergekommene sachte Wind die goldgelben Kornhalme hin und her. Es roch überall nach reifem Korn, nach blühenden Bohnen, Erde und nach Meer, dem sommerlichen Geruch der Insel. Und das Vieh, es war groß und kräftig und stand auf satten, tiefgrünen Fennen. Es fehlte nur noch ein trockener Herbst, um Scheuer und Fass zu füllen.

Der Strand ernährte seine etwa 9000 Menschen sehr gut. Durchweg konnten noch große Mengen Korn verkauft und Hunderte von Rindern und Hammel auf den Märkten von Hamburg und Bremen umgesetzt werden. In Bedrängnis gerieten die Strander lediglich, wenn hereinbrechendes Salzwasser das Korn vernichtete oder wenn Sturm und Regen die Ernte bis in den November hinausschoben oder wenn Dürre das Wachstum hemmte.

Daran dachte im Augenblick niemand; der Wettergott war den Strandern in den letzten Wochen gnädig gewesen. Abgesehen von den drei betroffenen Kögen, herrschte unter dem Volk große Zuversicht, bei vielen gar Frohsinn. Und diese gute Stimmung wollte man sich nicht durch die Streitigkeiten und Probleme um die Rungholtbucht nehmen lassen.

Anders auf dem Gottesacker der Illgrofer Kirche, wo sich inmitten verwitterter Grabkreuze die Koogbewohner versammelten, um sich in die Unterschriftlisten einzutragen. Es herrschte eine sehr gedruckte Stimmung. Nach und nach kamen immer mehr Menschen. Hoch zu Ross kam Ipke Tadsen aus Volgsbüll daher. In vielen Kögen des Strandes hatte er Ländereien, so auch in Brunock, die er vollständig angeben wollte. Er war reich genug, die Folgekosten zu tragen.

Die meisten Leute trugen nur einen Bruchteil ihrer Ländereien ein, für sie waren die Lasten zu hoch. Einge der ehemaligen Koogbewohner waren gar nicht erst gekommen. Sie konnten überhaupt nicht zahlen und verloren faktisch Haus und Hof. Die Flut hatte ihnen alles genommen.

Einer nach dem anderen hatte sich mit unsicherer Hand eingetragen; die meisten lagen unter zehn Demat. Es gab zwei Koogbewohner, die über sechzig angegeben hatten. Dies waren Hans Ingwersen und Ocke Hansen. Beide hatten noch weitere Ländereien auf dem Strand und ihnen würden die entsprechenden Kosten wenig ausmachen.

Mumme Harrsen versuchte, den Menschen bei der Illgrofer Kirche Mut zuzusprechen. Er kannte die Verhältnisse auf dem Strand sehr gut, seit 1580 war er Prediger an der Illgrofer Kirche. Gott werde den Bedrängten in der schweren Zeit beistehen. Er sprach davon, die Hoffnung nicht aufzugeben. Mumme Harrsen wusste, dass der Mensch ohne diese nicht leben kann.

Während der Geschehnisse bei der Kirche hatte sich das Wetter urplötzlich verändert. Der Wind hatte zugenommen, über der Insel ballten sich böse und drohend dunkle Wolken. Bevor die letzten Leute sich eingetragen hatten, fielen aus einer schwarzen Wolke große Tropfen. Rasch traten die Menschen den Heimweg an; nach längeren Gesprächen war ihnen heute nicht zumute. Nur Ose, die aus Neugier gekommen war, lief in ihrem schwarzen Umhang von einem zum anderen und erzählte den Leuten, dass dies der Anfang vom Untergang des Strandes sei.

Nach wenigen Augenblicken entlud sich das Unwetter mit seiner ganzen Wucht. Die Insel duckte sich. Und dann kam der Regen. Es regnete ununterbrochen fast zwei Wochen. Die Sielzüge und. Gräben blähten sich auf, das Wasser trat über die Ufer. Auf Fennen und Äckern bildeten sich Pfützen. Schwere, träge Wolken hingen über der Insel. Die Leute vom Strand begannen, um ihre Ernte zu bangen. Endlich. Der Himmel teilte sich. Eine helle Septembersonne löste die regenschweren Wolken ab.

Doch dann kam der Oktober mit noch mehr Regen. Die gesamte Ernte drohte zerstört zu werden. Sorgen breiteten sich aus.

Etwas Sonderbares kam hinzu: Im Land wimmelte es von Fröschen und Mäusen. Kein Mensch hatte je so etwas erlebt. Die Plage überzog das ganze Land. Und dann gab es plötzlich noch Unmengen von dunklen Seeschnecken in Gräben und Sielzügen. Sie vermehrten sich ungeheuerlich schnell und wuchsen rasch heran. Dies war den Strandern rätselhaft, und sie begannen, von allerhand merkwürdigen Dingen zu reden. Der Aberglaube erhielt Nahrung. Hier und dort wurde gemunkelt, es handle sich um Vorzeichen, um Vorboten einer nahenden Flutwelle. Auch Ose trug ihre Schauergeschichten unter das Volk, und viele Leute schenkten ihr Glauben.

Die Priester der Insel sprachen von einem Fingerzeig Gottes, vom jüngsten Gericht, das den sündhaften Strand treffen sollte. Einige fanden besonders harte Worte. Sie forderten die

Strander auf, abzulassen von ihrem schlechten Lebenswandel; sie sollten Eigennutz, Halsstarrigkeit und Streitsucht ablegen, sonst werde Gott sie verderben. Gottes Langmut sei zwar groß, jedoch nicht endlos.

Sie beklagten, dass sich viele Menschen vom Evangelium abgewandt hätten und das Volk sich der Völlerei ergeben habe. Der Tag sei nicht mehr fern, an dem Gott alle ersäufen werde: Kind und Greis, Mann und Weib.

Die meisten der einflussreichen und wohlhabenden Ratsmänner wischten die Ansichten über eine Zerstörung der Insel durch eine Sturmflut vom Tisch. Die Insel war mächtig und durch Deiche vom Meer abgesichert. Andere Überlegungen gab es für sie nicht, oder sie verdrängten sie aus ihren Köpfen. Sie hielten den Strand für unbezwingbar.

Sturm und Regen wetteiferten. Und es gab Tage, da erstickte das Land im Nebel. Dann wieder trieben Regenschauer über den Strand, verdeckten Häuser und Kirchen, verdunkelten den Horizont. Es lebte sich schwer in dieser Zeit. Die Lebensfreude, die noch im Sommer geherrscht hatte, war schnell verflogen. Wie eine drückende Last lag es auf allen, und heimlich sagten sich die Menschen, ein Unheil, ein schweres Unheil, würde über den Strand kommen.

Über einen Deichschluss in der Rungholtbucht war viel gesprochen, gemacht worden aber wenig; der Deich war nach wie vor an langen Strecken aufgerissen.

Es war der letzte Tag im November. Es stürmte. Früh brach die Dunkelheit herein. Es war ein trüber Himmel, unter dem die Wolken, wie zu riesigen Gebirgen aufgetürmt, dahin rasten. In der Luft orgelte es. Mit fortschreitender Nacht, die in ihrer Dunkelheit fast undurchdringlich schien, nahm die Gewalt des Sturmes heftig zu.

Dann kam der 1. Dezember 1615. Der Sturm nahm immer weiter zu. Alles sah nach Weltuntergang aus. Der Wind drehte nach Nordwest und trieb das Meer gegen die Insel. Mit voller Wucht schoss das Wasser durch die zerschlagenen Deiche in der Rungholtbucht, überflutete die drei Köge und staute sich an den angrenzenden Mitteldeichen. Das Meer türmte sich hier immer bedrohlicher auf.

In den Kögen Illgrof, Stintebüll und Brunock ragten nur die auf hohen Warften gelegenen Bauten aus dem tobenden Meer. Die ersten Brecher schlugen über den aufgeweichten Mitteldeich, der vorwiegend aus losem Moor bestand. Sturzsee auf Sturzsee schoss in die Nachbarköge Röhrbeck und Königsbüll.

Auf einem schlammigen Kleiweg in der Trendermarsch kämpfte ein einsames Pferdegespann gegen das Unwetter an. Ratsmann Hunne Feddersen wollte zum Seedeich im Südwesten der Insel. Zuvor hatte er angeordnet, dass die im Tiefland des Kooges lebenden Menschen entweder in der Kirche zu Trendermarsch oder in seinem Haus auf der hohen Warft Zuflucht nehmen sollten. Der Trendermarschkoog gehörte zwar zu den sichersten Kögen des Strandes, dennoch wollte Hunne Feddersen nichts dem Zufall überlassen. Als er den Seedeich erreicht hatte, stieß er auf eine Menge Leute, die schutzsuchend an der Innenböschung standen, es waren die Deichwachen, die sich bereits seit Stunden hier draußen aufhielten.

Die Innenböschung war steil und glitschig. Der Wind kam aus nordwestlicher Richtung, schräg von vorn. Nur mit Mühe erreichte der alte Hunne Feddersen die Krone des Deiches. Als er inmitten des chaotischen Durcheinanders von Wasser, Tang und Kleie stand und einen Blick aufs Meer werfen konnte, setzte sein Herzschlag fast aus. Wogen mit wehenden Schaumfahnen donnerten heran und zerschellten an der Böschung bevor sie die Krone erreichten. Wasserberge wurden zu schäumenden Tälern, durch die zuweilen ein einsamer Sturmvogel strich.

Anstürmende Wassermassen erschütterten den Deich. Es war, als würde die Welt von einem Beben erschüttert. Nur mühsam konnte er sich auf dem Deich halten. Ihm ging durch den Kopf, wie vergänglich im Leben alles sei; schnell und vergänglich wie der Klang einer Glocke. Es schien ihm, dass eines Tages auch die stärksten Deiche der Riesenkraft der Nordsee ebenso wenig widerstehen konnten, wie eine Feder dem Orkan. Wenn eine Sintflut wiederkäme – eine grauenhafte Flut wie 1362, wo Menschen, Tier und Gut verschlungen wurden, wo Rungholt und andere große Kirchspiele untergingen, wenn eine solche Flut wiederkäme! Dem alten Hunne Feddersen schauderte, wenn er daran dachte.

Diese Sintflut hatte dem Strand die hufeisenförmige Gestalt gegeben, sie hatte im Südwesten der Insel die große und heute so gefährliche Bucht geschlagen; die Leute vom Strand nannten sie die Rungholtbucht.

Und bei dieser Bucht waren seine Gedanken, als er sorgenvoll den Außendeich am Trendermarsch verließ. Diese Bucht war eine Gefahr für den ganzen Strand, hier drohte die Insel durchzubrechen. Ob die schwachen Mitteldeiche der jetzigen Sturmflut standhalten würden? Auch der Zustand des Deiches bei Westerwold stimmte Ratsmann Hunne Feddersen bedenklich.

Im Gegensatz zum Trendermarschdeich, der eine flache Böschung hatte und mächtig war, handelte es sich bei Westerwold im Norden des Strandes nur um einen Stakdeich, der eine steil abfallende Böschung aus Bohlen, Brettern und Pfählen hatte. Diese Deichform bot dem Meer eine viel größere Angriffsfläche als die flachen Deiche. An weiten Strecken des Strandes gab es noch Stakdeiche. Große Aufgaben, dachte Hunne Feddersen, lägen noch vor den Strandern; sämtliche Deiche mit einer flacheren Böschung zu versehen und an der ganzen Linie eine Erhöhung und Verstärkung vorzunehmen. Die Zeit drängte. Dennoch leisteten die Leute sich die Zeit für unnützen Streit, der sie von den notwendigen Arbeiten fernhielt. Als er sich auf den Heimweg machte, zerriss ein grauenhafter Blitz den Himmel in Richtung Pellwormharde. Nur wenige Minuten später loderten glutrote Flammen gen Himmel. Die Natur schien sich aufzubäumen.

Um diese Zeit sah es bei Westerwold bedrohlich aus. Die Brandungswellen stiegen berghoch empor, brachen sich über den Deich und ergossen sich ins Land. Das Meer tobte mit so großer Wucht, dass Bohlen, Bretter und Pfähle aus dem Stakdeich gerissen wurden. Das direkt hinter dem Deich liegende Haus, in dem Elke mit ihren Kindern wohnte, war in salzige Gischt gehüllt.

Eilends hatte die Familie das Notdürftigste zusammengerafft und auf den Boden gebracht. Noch hockten die Menschen dichtgedrängt in der engen Stube, die kalt, dunkel und unheimlich war. Wegen der Brandgefahr hatte die Mutter schon frühzeitig das Herdfeuer gelöscht. Je stärker das Brüllen des Sturmes wurde, um so ängstlicher wurde die bedrängte Familie. Vor einigen Jahren hatte sie den Vater beim Deichschluss in Stintebüll verloren, vor einem Jahr war der Großvater im Watt von der Flut überrascht worden und nicht wiedergekommen, und heute befanden sich Elke und die Kinder in größter Gefahr.

Draußen rauschte und gurgelte es an der Hauswand. Das Haus erbebte unter der Wucht des Sturmes und der herannahenden Flut. Schmutziges Wasser drang in die Wohnung. Für Elke und die Kinder war es bereits zu spät, Schutz auf einer höheren Warft zu suchen. Sie mussten in der alten, aus Lehmziegeln aufgemauerten Kate ausharren, bis die Flut zurückging. Ängstlich und sorgenvoll beobachteten sie das Steigen der Flut.

Es waren lange Stunden des Schreckens. Höher und höher stieg das Wasser im Haus. Da donnerte es nahe der alten Kate. Dieses Donnern kam nicht vom Sturm oder den Brandungswellen. Es krachte und polterte. Es strömte immer lauter und gewaltiger – der Seedeich war gebrochen. Wie wild schoss das Wasser ins Land.

In letzter Minute erreichten die verängstigten Menschen den Dachboden, der auf Pfählen ruhte. Kaum hatten sie den rettenden Boden erreicht, da stürzten die Mauern ein. Das Dach stand jetzt nur noch auf den Pfählen. Wild fegte die wütende See durch das Haus, wirbelte Stühle, Tische, Truhen und Betten durcheinander und trug alles fort. Die betroffene Familie, nur noch ein Häufchen Elend, konnte sich nicht verständigen, das Meer und das Toben des unbarmherzigen Sturmes übertönten alles.

Unterdessen strömte immer mehr Wasser durch das größer werdende Loch im Seedeich. Sorgenvoll beobachteten Elke und die Kinder den Todeskampf der Landschaft unter dem erbarmungslosen Ansturm der See. Die letzten Bollwerke wurden zerschmettert, die See fegte siegreich über das weite Land.

Gurgelnd und schäumend strömte das Wasser unter dem Dachboden hindurch. Augenblicke des Grauens. Die ersten Wellen erreichten das Dach. Mit lautem Krachen wurden die

Bretter aus dem Boden geschlagen. Eine gewaltige Bö peitschte das Meer hoch, erfasste das Dach und riss es vom Pfahlgerüst.

Wie ein Floß segelte es eine kurze Strecke über den Wellen und nahm Elke und die Kinder mit. Dann zerschlug die See den letzten Schutz, und der Tod streckte seine nasse Hand nach ihnen aus.

Zwischenzeitlich hatte das Meer auch in den Kögen der Rungholtbucht grausam gehaust, selbst die hochgelegenen Kirchen und Friedhöfe waren betroffen, Gräber wurden aufgerissen, Grabplatten und Kreuze zerschlagen.

Das Meer hatte fast alles unter sich begraben. Nur das Haus von Hans Ingwersen kam ungeschoren davon. Auf der riesigen Warft ragte der wuchtige Backsteinbau aus der Wasserwüste. Es war unbestritten eines der schönsten und größten Häuser des Strandes; das Geschlecht der Ingwersen lebte seit Generationen auf diesem prächtigen Hof. Viele Menschen aus der Nachbarschaft hatten sich hier schutzsuchend eingefunden.

Immer höher und gefährlicher wälzte sich die See durch den fast völlig zerschlagenen Seedeich vor Stintebüll, Illgrof und Brunock. Doch plötzlich fiel das Wasser in den bedrängten Kögen. Was war geschehen? Die Mitteldeiche zu den inlands gelegenen Nachbarkögen waren gebrochen. Die See hatte riesige Brocken aus dem weitgehend aus Moor bestehenden Mitteldeich gebrochen und das aufgestaute Wasser war mit unbändiger Energie in die bislang verschonten Köge geschossen. Was dem Meer im Wege stand, wurde dem Erdboden gleichgemacht; Häuser wurden niedergerissen und fortgeschwemmt. Vieh ertrank und Menschen, die sich nicht rechtzeitig genug in Sicherheit gebracht hatten, kamen in den kalten und schmutzigen

Fluten um. Eine unfaßbare Tragödie spielte sich ab. Doch dies schaffte den Stintebüllern und den beiden anderen Kögen Luft; das Wasser lief in die Nachbarsköge und sackte merklich ab.

Es war das eingetreten, was Hans Ingwersen im Streit um das Deichwesen vorausgesagt hatte. Laut wetterte der Ratsmann in seinem Haus vor den verschüchterten Menschen über die kurzsichtigen und selbstgefälligen Leute von Strand, die nicht auf ihn gehört hatten. Doch heute käme die gerechte Strafe über sie. Es geschehe ihnen recht so.

Tiefe Betroffenheit lag nach diesen Worten im Raum; Hans Ingwersen zeigte nicht im geringsten Mitgefühl und Verständnis für die in Not und Unglück geratenen Menschen, und gerade das hatte er stets von den übrigen Strandern für sich und seine Koogbewohner gefordert.

Draußen tobte der Sturm heftig weiter. Eine Bö, Gischt und angeschwommenes Reet aufwirbelnd, fegte er gegen das Haus, dass die Scheiben klirrten und die Türen bedenklich klapperten. Über den Eingeschlossenen krachte es heftig. Es zitterten die Balken und Sparren, als wollte der Sturm das Dach von den Mauern reißen. Gurgelnd und schäumend schlugen die Wellen gegen die Warft. Doch das Haus von Hans Ingwersen hielt dem wütenden Sturm stand.

Mittlerweile hatte das Meer ganze Strecken des Moordeiches buchstäblich weggewischt und die Köge tief unter Wasser gesetzt. Der Strand bot ein Bild des Grauens und der Verwüstung. Die Nordsee hatte der Insel einen harten Schlag versetzt; die Verluste waren schwer.

Etwa die Hälfte des Strandes war überflutet. Lediglich die Pellwormharde, die Trendermarsch und Teile im Südosten waren weitgehend glimpflich davongekommen. Mehr als 300 Menschen waren ertrunken, unzähliges Vieh umgekommen und über hundert Häuser völlig zerstört und viele unbewohnbar geworden. Viele Mühlen und Glockentürme waren umgerissen und ein Großteil der Wintersaat vernichtet worden. Der Zustand der Deiche war schlimm; das Meer hatte eine ganze Zahl von Wehlen gerissen.

Wie alles einmal aufhört, so nahm auch diese Zeit des Schreckens ihr Ende. An den folgenden Tagen, als der Sturm sich gelegt hatte, das meiste Wasser aus den Kögen abgelaufen und die Sonne schien, war die Welt eine andere als am Tage zuvor. Das Leben ging weiter.

Es wurde März – nicht Winter und noch nicht Frühjahr; bald taute es, bald trat wieder Frost und Kälte ein. Endlich. Der Frühling kam. Er weckte neue Lebensgeister. Auf den Weiden und den Deichen sprossen die ersten Gräser; die Erde erwachte, und die Leute vom Strand machten sich daran, den nicht überfluteten Boden zu bestellen.

An Deichen und Schleusen wurde gearbeitet, Wege und Stege wieder hergerichtet und an Häusern gebaut. Der Frühling flog schnell dahin, die Strander merkten es kaum, wie der Sommer allmählich herankam.

1616 war ein Jahr großer Veränderungen für den ganzen Strand. Am 23. März hatte der Herzog von Gottorp angeordnet, in der Rungholtbucht, quer durch die drei betroffenen Köge, einen neuen Deich zu ziehen. Die Deichlinie sollte landeinwärts verlegt werden; große Flächen würden somit ausgedeicht und verlorengehen. Diese Anordnung war unabdingbar; der Herzog hatte sich bei dieser Entscheidung nicht hereinreden lassen. Weiterhin verfügte er am 25. März, dass keine Arbeitsleute die Insel verlassen durften; alle Strander sollten das große Werk vollenden helfen, finanziell und durch Arbeitsleistungen.

Dies war sogleich der letzte Befehl dieses Herzogs. Am 31. März 1616 verstarb Johann Albrecht nach sechsundzwanzigjähriger Herrschaft; er war dem Strand stets ein großer Förderer gewesen war.

Und noch etwas Entscheidendes war eingetreten: Jürgen Maaß, der jahrzehntelang die Geschicke der Insel geleitet hatte, war wegen seiner hohen Schulden seines Amtes enthoben worden. Der Strand bekam mit August von Besenborstel einen neuen Staller.

In einem windstillen Tag, Dämmerung lag noch auf dem Land, ritt Staller August von Besenborstel von Gaikebüll in Richtung Seedeich. Er hatte die letzte Zeit genutzt, die einzelnen Köge zu besuchen, um die Strander besser kennenzulernen.

Heute wollte er in den Kögen der Pellwormharde nach dem Rechten sehen. Die Pellwormer pochten sehr auf mehr Eigenständigkeit und nicht selten scherten sie aus der Inselgemeinschaft aus, wenn es um die gemeinsamen Deichvorhaben ging.

In den drei Jahren, in denen August von Besenborstel des Strandes Staller war, hatte er viel Gefallen an seiner Aufgabe und Freude an der schönen Insel gefunden. Der Deichschluss in der Rungholtbucht war gelungen. Er hatte als Staller daran einen entscheidenden Anteil gehabt. Dieser Deichschluss war zugleich eine Kraftprobe zwischen ihm und einigen mächtigen Ratsmännern gewesen. Er war immerhin als Fremder auf die Insel gekommen, und die Strander hatten alles getan, um ihm die Arbeit zu erschweren; sie wollten ihn spüren lassen, wer Herr auf der Insel sei. Sie wollten den neuen Staller, wie sie untereinander tuschelten, nicht groß werden lassen.

August von Besenborstel focht das nicht an, die Zeit würde für ihn arbeiten. Die Inselbewohner waren von Haus aus keine entgegenkommenden Leute, sie schlossen ihr Herz nur langsam auf und nahmen sich Zeit, ehe sie mit jemanden Freundschaft schlossen.

Kritisch war das Verhältnis zwischen dem neuen Staller und den Strandern zu Beginn des Jahres 1617 geworden, als viele Bewohner aus den landeinwärts gelegenen Kögen sich den Aufgaben am Deichbau in der Rungholtbucht entziehen wollten. Mit seiner ganzen Autorität und mit Hilfe des Herzogs hatte er die Leute verpflichtet; grollend war man an die Baustelle zurückgekehrt. Doch der Unmut über den neuen Staller war geblieben.

Die Sache bekam nun freilich ein anderes Gesicht, als August von Besenborstel auf die Menschen des Strandes zuging. Bei seinen Tagesritten in den letzten Wochen durch die Insel hatte er mit diesem und jenem gesprochen, war bei Predigern, Leuten aus dem Volk und bei führenden Strandern eingekehrt. Er begann die Leute und den Strand mit seinen Eigenarten zu verstehen, und die Strander lernten ihren Staller kennen.

Als August von Besenborstel den Seedeich erreicht hatte und auf dessen Krone entlang ritt, war die Dämmerung einem dichten Bodennebel gewichen. Zur Rechten lagen die Köge. Der Bodennebel hatte sich in flachen, einzelnen Bänken gesammelt, die sich hoben und ausbreiteten und die Gehöfte auf den Warften sanft aufschwimmen ließen, Kirchen sahen von fern aus wie ruhig fahrende Schiffe, und von den kleinen Katen am Fuß der Mitteldeiche waren nur die Dächer zu sehen. Zu seiner Linken lag das Wattenmeer der Nordsee. Und als der Nebel sich aufgelöst hatte, dehnte es sich flach, grau und unbestimmt vor ihm aus. Eine geheimnisvolle Welt, die ihn gefangen nahm.

Nach über einer Stunde, als August von Besenborstel den Deich von Brunock erreicht hatte, war der Tag voll angebrochen; ein herrlicher Spätsommertag. Ein spinnwebfeiner Dunst war alles, was vom Nebel noch übriggeblieben war. Die Kornfelder waren von der Sonne mit hellem Gold übergossen und hoben sich gegen den bläulichen Himmel und von den tiefgrünen Weiden ab.

Es war ein ausgezeichnetes Wetter für die Felder gewesen, mit Sonnenschein und Regen, und die Frucht war dementsprechend gut herangewachsen.

Von fern hörte man das Rauschen des Meeres und die Rufe der Strandläufer, Seeschwalben und Möwen. Die Insel erwachte; weit und breit machten sich die Menschen an ihre Arbeit. August von Besenborstel genoss diese morgendlichen Geräusche, Zeichen des Lebens, des Lebendigseins.

Mit seiner weit auslaufenden Böschung lag der neue Seedeich vor ihm. Es war ein Deich besonderer Art, der ewig halten sollte und der nicht nur die drei Köge, sondern die ganze Insel vor dem Auseinanderbrechen schützen sollte. Fünf Jahre hatte das Meer hier freien Zugang gehabt, hatte die Köge zerschunden, die Menschen hart getroffen und den ganzen Strand bedroht. Eine Zeit der Zerstörung, Jahre der Not und des Elends.

Und heute? Viele von der Flut zerstörten Häuser waren wieder bewohnbar gemacht worden, auch gab es bereits einige neue Häuser in den Kögen. Stege, Brücken und Wege machten das Gebiet wieder passierbar, und eine neue Schleuse sorgte für die Entwässerung der tiefliegenden Marsch. Überall herrschte Eifer und Lebensmut. Kurzum, aus der Stätte der Zerstörung begann neues Leben zu erwachen. Ein Gefühl der Zufriedenheit befiel den Staller.

Mittlerweile hatte er die neue Schleuse erreicht. An dieser Stelle nahm vor Jahren das Unglück seinen Lauf, als die Bewohner die baufällige Schleuse zukippten und später den Deich durchstachen, um das angesammelte Regenwasser in das Wattenmeer abzulassen. Den Leuten war es dann nicht gelungen, den Deich wieder haltbar zu schließen. Im Herbst 1612 war die Flut hier zuerst ins Land geschossen und hatte sich immer tiefer in Deich und Land gefressen. Weitere Wehlen waren hinzugekommen, und so hatte sich das Werk der Zerstörung über Jahre fortgesetzt.

Der lange Kampf um den Deichschluss hatte Unglücksfälle, Mord und Totschlag, Prozesse und Einkerkerungen gefordert; ein hoher Tribut.

Beim Deichschluss im Spätsommer 1617 hatte sich ein großes Deichstück an einer reißenden Wehle gelöst und war mit vielen Arbeitern in die Tiefe gestürzt. Erst Tage darauf hatte das Meer ihre Leichen an Land gespült.

Viel fremdes Volk war als Deicher auf den Strand gekommen. Unter den Menschen verschiedener Nationalitäten war Unmut über die Lebensbedingungen und über die Arbeit aufgekommen. Sie forderten ein Parlament, ein Mitspracherecht für sich.

Soweit komme es noch, hatte lpke Tadsen lamentiert, dass fremdes Gesindel über sich selbst oder gar über die Insel befände. Die Strander würden dem Ansinnen der Fremden nicht nachkommen, und die Fremden bekämen keinerlei Mitspracherechte. Daraufhin war es zu brutalen Auseinandersetzungen gekommen. Ein Strander hatte mit einem Spaten einem Fremden den Schädel gespalten. Kurzerhand wurde eine große Zahl fremder Deicher eingesperrt, und allmählich kehrte wieder Ruhe ein. Auch die beiden Deichbaumeister Johann Claus

Rollwagen und Leve Philipp wanderten vorübergehend in den Kerker. Bei Rollwagen waren die Strander mit dem zu langsamen Fortgang der Arbeiten und der hohen Kosten wegen unzufrieden. Philipp warfen sie vor, dass er unkorrekt mit den Deichbaugeldern umging.

In der Zeit, als August von Besenborstel nach dem Strand gekommen war, glaubten die Leute allmählich, dass es bei den jahrelangen erfolglosen Bemühen im Deichschluss nicht mit rechten Dingen zugehe. Und es war das Gerücht durch die Insel gegangen, dass Ose, die Zauberin aus Pellworm, schuld am unheilvollen Geschehen sei.

Mehrfach habe man sie zu später Abendstunde in ihrem dunklen Umhang an den Wehlen in der Rungholtbucht gesehen, wo sie merkwürdige Sprüche gemurmelt habe. Schlimm hatte es um Ose gestanden. Viele Leute vom Strand, und vor allem einige Deichrichter, hatten für sie die gerechte Strafe gefordert, die Folterung.

Aber Gott sei Dank ließen noch einige der Verantwortlichen die Vernunft walten, und so entging Ose der Folterung. Für sie wurde das Leben auf dem Strand jedoch immer schwerer.

Unterdessen näherte August von Besenborstel sich der Pellwormharde. Bevor er landeinwärts ritt, beobachtete er das Treiben auf dem unbedeichten Vorland, wo es von Menschen wimmelte. Eifrig wurden hier Soden für den Deich geschnitten und große Mengen Klei mit Schubkarren transportiert; die Deicharbeiter bildeten lange Ketten, die vom Deich bis weit ins Watt hineinreichten. Er ließ sich vom Baumeister über die Arbeiten unterrichten, sprach mit einigen Arbeitern und machte sich dann auf den Weg nach der im Norden des Strandes liegenden Balumer Bucht.

August von Besenborstel warf einen Blick zurück auf die Illeofer Kirche. Vielen Stürmen hatte sie standgehalten, ungezählte Überschwemmungen gesehen. Bei der Sturmflut von 1615 war sie stark beschädigt worden. Der Bau, so dachte er, war Menschenwerk und als solches vergänglich, genau wie alle Deichwerke der Insel, und seien sie noch so mächtig.

Wie so oft hatten große Fluten diese Landschaft völlig verwandelt, und es war daher verständlich, dass die Bewohner gelegentlich eine riesige Wut, einen unbändigen Zorn auf das unbarmherzige Meer hatten, das die mühselige Arbeit langer Jahre, ja manchmal ganzer Generationen in wenigen Stunden wegwischen konnte, als sei Menschenwerk gar nichts auf dieser Welt. Und doch, die Menschen hingen an ihrer Insel, sie liebten ihre Heimat wie kaum anderswo.

Die Sicherheit der Insel verlangte den Menschen große Opfer und Leistungen ab. Etwa hundert Kilometer Seedeich, der die Insel umschloss, mussten ständig in Ordnung gebracht, erhöht und verstärkt werden.

Der Staller ritt den Mitteldeich von Buphever und Norderniekoog hinunter. Er kam an kleinen Häusern vorbei, die dicht beieinander am Fuß des Mitteldeiches standen. Er konnte vom Deich über die Dächer sehen. Neben den Häusern winzige Schuppen und Gemüsegärten. Dahinter dann das Marschenland, von Gräben durchzogen. Zu seiner Rechten dehnte sich der große Bupheverkoog aus, trutzig ragte aus ihm die Kirche mit ihrem klobigen Turm. Nahe des Mitteldeiches schauten große Reetdächer einiger Höfe unter zerzausten und vom Wind abgekämmten Baumkronen herüber.

Ähnlich das Bild zu seiner Linken; hier erstreckten sich die Köge der Pellwormharde. Nicht weit vom Mitteldeich entfernt durchzog ein breiter Wasserlauf die Landschaft; es war das Balumer Siel. Schwärme von Wildenten, Regenpfeiffer und Austernfischer bevölkerten den Strom.

Zwei Kirchen bestimmten hier das Landschaftsbild; die Kirche im großen Koog und weiter nordwestlich die mit der großen Turmruine. Über allem wölbte sich ein unendlich weiter und wolkenloser Himmel.

Wie ein grüner Wulst schlängelte sich der Mitteldeich bis hin zum Horizont. Je näher er der Balumer Bucht kam, desto breiter wurde der Strom. Auf ihm fuhren Boote, bis oben hin mit Heu beladen; andere waren mit Netzen und Reusen ausgestattet, und, vom langen Schilf fast völlig verdeckt, viele winzige Boote.

Nach einiger Zeit erreichte August von Besenborstel eine Häuserreihe unter dem Deich. Von der Deichkrone konnte er fast in die breiten Schornsteine sehen. Etwas weiter stand eine Häusergruppe auf dem Deich. Darunter war ein großes, langgestrecktes Gebäude mit einem stolzen Giebel, von knorrigen Weidenbäumen umgeben: die Balumer Schenke.

Vor dem Haus, im Schatten der Bäume, saßen auf einer Bank drei alte Männer. Als der Staller auf sie zuritt, standen sie auf, zogen ihre Mützen und grüßten. Der Staller erwiderte den Gruß, sprang vom Pferd und gesellte sich zu ihnen. Eine Frau brachte den Männern südländischen Wein. Es kam zu einem Gespräch, das anfangs nur mühsam von einer zur anderen Angelegenheit ging. Für die alten Strander war es ungewohnt, mit dem ersten Mann des Strandes eine Unterhaltung zu führen.

Doch der Wein, die zuvorkommende Art des Stallers und der kluge und belesene Leve Obsen bauten alsbald die Zurückhaltung ab. Die alten Männer erzählten von Land und Leuten, von großen Fluten und anderen Geschichten. So erfuhr August von Besenborstel vom Seeräuber Kort, von der

Zigeunerin Rebecca und vom Einsturz des Kirchturmes sowie vom jähzornigen Hans Andersen.

„Seeräuber Kort Wiederich war ein Mensch mit verdorbenem Herzen. Ihn, nicht aber die alte Zigeunerin Rebecca hätte man lebendig begraben sollen“, sagte verächtlich der alte Jens Harrsen und spuckte geräuschvoll in weitem Bogen seinen Priem auf den staubigen Kleiweg. Der Staller schaute sich den alten Mann interessiert an. Jens Harrsen, ein ehemaliger Schmied, hatte einen langen Hals und hängende Schultern. Er besaß auffallend fröhliche Augen, Ohren, größer als die der meisten Menschen, standen wie Henkel einer Zuckerdose vom Kopf ab. Er hatte eine Knubbelnase und trug einen fleckigen Schnurrbart. Wenn er lachte, klang es wie Gackern.

Es sei abscheulich, meinte Jens Harrsen, dass die alte Rebecca lebendig begraben worden sei. Gehörig schimpfte er auf die Sitten fremder Völker. Etwas völlig anderes sei es, dass die Friesen, so wie es früher geschehen sein sollte, bei einem Deichwerk den lebendigen Leib eines Weibes eingegraben hätten.

Der Deich habe dann auch gehalten und viel Unheil sei dadurch von der Küste abgehalten worden.

Der alte Leve Obsen sprach von Spökenkiekerei; es komme einzig und allein auf die Beschaffenheit des Deiches an. Leve Obsen, ehemals ein bedeutender Deichrichter, gehörte zu denen, die ohne Bildung, aber mit natürlichem Scharfsinn und Mutterwitz begabt, eine wichtige Rolle spielten. Weiß war sein Haar, sein Gesicht, von unzähligen Falten und Furchen zersplittert, war von eigenartiger Schönheit. Er besaß die Fähigkeit, selbst die schlimmste Nachricht in Ruhe aufzunehmen. Seine Urteile als Deichrichter auf dem Strand hatten stets Gewicht gehabt. Leve Obsen strahlte Würde und Zuversicht aus.

Der Greis hatte trotz seines hohen Alters noch einen überaus wachen Geist.

Aufmerksam hörten die Männer zu, als er vom Seeräuber Kort Wiederich erzählte, der jahrelang die Küsten verunsichert hatte. Weder größere Schiffe auf fernen Meeren noch Boote in den Küstengewässern seien vor ihm sicher gewesen.

1450 hätten die Strander mit ihm einen Pakt geschlossen und ihm Unterkunft im Turm der großen Kirche gewährt. Als Gegenleistung erhofften sie sich von Kort Wiederich, dass dieser sie fortan nicht mehr behelligen würde.

Doch die Strander täuschten sich, fuhr der Erzähler fort. Kort Wiederich sei ein gerissener und rücksichtsloser Mensch gewesen. Er habe die Strander bewusst hinters Licht geführt und schamlos ausgenutzt. Wie eine Made im Speck habe er gelebt; Quartier und Schutz habe er angenommen, doch als Dank habe er bei Nacht und Nebel die Kirche ausgeplündert, sich von dannen gemacht und die Gegenstände aus der Kirche auf dem Festland verhökert.

Und nicht genug damit, er verspottete und verhöhnte die Strander, weil sie so leichtgläubig, blind und dumm gewesen seien und ihm, dem Seeräuber, Schutz in einer Kirche gewährt zu haben.

Man merkte dem Staller an, dass er sich sichtlich wohl bei den alten Strandern fühlte. Die Männer saßen da mit vom Wein geröteten Gesichtern. Die kleine Gesellschaft war unendlich vergnügt. Die Sonne hatte bereits den höchsten Stand erreicht und über den Seedeich drang vom Wattenmeer mannigfacher Vogelruf zu ihnen.

Die Unterhaltung der vergnügten Gesellschaft im Schatten der Weiden vor der Balumer Schenke nahm an Lebhaftigkeit immer mehr zu. Der Wein hatte den alten Strandern vollends die Zunge gelöst. Auch der Staller gab sich gesprächig, und er forderte Leve Obsen auf, die Geschichte von der Zigeunerin Rebecca und die des Turmes zu erzählen.

Seit jeher sei der Strand beliebtes Ziel von fremden Menschen gewesen, begann der Erzähler. Doch oftmals komme fremdes Volk in Begleitung von Unruhen und Streitigkeiten. Der Strander befürchtete immer, dass dadurch seine Eigenart, seine Sitten und Gebräuche Schaden nähmen. Es sei so nicht verwunderlich, dass die Fremden auf der Insel nicht mit offenen Armen aufgenommen würden.

„Hätten die Strander sich 1450 gegenüber dem Seeräuber Kort Wiederich so verhalten, wäre ihnen viel erspart geblieben“, warf verschmitzt Laurenz Hansen ein, er war der Dritte in der Runde.

Laurenz Hansen, ein alter Deicharbeiter, besaß an der Balumer Schleuse eine kleine Kate. Er war ein Original und brummbäriger Kauz. Bis zur Brust reichte sein wallender Bart. Unter den buschigen Augenbrauen blitzten muntere Augen. Mit einem Anflug von Verachtung meinte er, dass die vielen Fremden Gift für den Strand seien.

Leve Obsen fuhr fort. Er meine hauptsächlich fahrendes Volk aus Ländern aller Himmelsrichtungen. Diese Zugereisten besäßen nicht nur eine andere Sprache, sondern völlig andere Lebensweisen, die vielfach im Gegensatz zu denen des Strandes stünden.

Oft seien Gaukler, Spieler sowie Musikanten und Sänger darunter. Auf Hafenplätzen und auf Märkten vollführten sie ihre Spiele und Narreteien. Vielen Strandern sei dies eine willkommene Abwechslung, und von ihnen beteilige sich der eine und andere gelegentlich gar an dem bunten Treiben. Zustimmung könne allzu leicht in Abneigung und Hass umschlagen, wenn das fahrende Volk länger bleibe oder auf der Insel sesshaft werden wolle.

„Bewahre uns Gott“, rief der alte Jens Harrsen dazwischen, „vor noch mehr Fremden auf dem Strand“. Nicht selten handle es sich um Betrüger und Halunken. Der Herzog habe schon recht gehandelt, indem er den Fährleuten untersagt habe, Fremde ohne Genehmigung überzusetzen. Leider würde die herzogliche Verordnung von vielen missachtet.

„Es war im Sommer 1607“, begann Leve Obsen lebhaft, „als über Nacht viele Zigeuner auf dem Strand auftauchten, und kein Mensch wusste, woher sie und wie sie auf die Insel gekommen waren. Sie vagabundierten über die Insel von Süd bis Nord und von Ost nach West, keinen Koog ließen sie aus. Sie schliefen unter freiem Himmel, nur mit bunten und farbigen Tüchern bedeckt. Als allmählich der Sommer verfloss und der Herbst wie so oft mit Sturm und Regen kam, gab man ihnen Unterkunft in dem großen Turm der Kirche zu Pellworm. Und was man noch nicht wusste, man besiegelte damit das Schicksal dieses einst so stolzen und mächtigen Turmes.“

Der Erzähler machte eine Pause und zeigte in westliche Richtung, wo sich der Stumpf des Turmes dunkel gegen den Himmel abhob. „Viele Wochen lebten die Zigeuner in dem kalten und feuchten Turm. Im weiten Umkreis war weder Holz noch Torf vor ihnen sicher. Doch viel schlimmer war, daß die Zigeuner das Gebälk des Turmes zu Feuerung machten; dem riesigen Koloss wurde der Halt genommen. Das fremde Volk stahl wie die Raben. Sie fraßen den Strandern die besten Brocken vom Teller: Puten, Gänse, Enten, Hühner. Zudem war die Ernte auf dem Strand sehr schlecht gewesen. Hunger drohte. Überall herrschte Uneinigkeit und Missstimmung.“

Interessiert hörte August von Besenborstel zu, als Leve Obsen erzählte: „Ganz unbestimmt erst und flüchtig wie der Wind, bevor er mit voller Stärke einsetzt, verbreitete sich eines Tages das Gerücht auf der Insel, die Zigeuner seien schuld an der Missernte. Fast alle glaubten das auch. Zorn und Hass richtete sich gegen das fahrende Volk, das man von der Insel jagen wollte. Es kam zu Streitereien, ja zu Messerstechereien. Die Inselhauptmänner mit ihren bewaffneten Mannschaften, die den Strand vor Seeräubern schützten, mussten für Ruhe und Ordnung sorgen. Doch dies gelang erst, als die Zigeuner des Landes verwiesen wurden.“ „Was aber“, fragte der Staller, „geschah mit Rebecca?“

Unter den Zigeunern, fuhr der Erzähler fort, befand sich ein uraltes und kränkliches Weib, Rebecca. Diese sei so schwach gewesen, dass sie die beschwerliche Reise von der Insel nicht habe antreten können. Alleine hätten ihre Stammesgenossen sie nicht unter den aufgebrachten Strandern zurücklassen wollen; so habe man sie nach Gebrauch ihres Landes bei lebendigem Leib begraben. Dies sei in einem zwei Ellen tiefen Grab neben dem Turm auf dem Pellwormer Gottesacker geschehen. „Barbarei“, rief der alte Jens Harrsen und wetterte gegen brutale Sitten fremder Völker, vor denen der Strand sich in acht nehmen müsse.

„Wir haben nicht das Recht, diese Tat zu verurteilen“, meinte Leve Obsen, „da unsere christliche Kulturgeschichte ähnlich gehandelt hat. Die vielen „Hexentode“ sind ein Beweis dafür.“ Noch 1565 habe man auf dem Strand Arm Truvels als Hexe bei lebendigem Leib verbrannt.

Nun, das Schicksal habe der Zigeunerin Rebecca zwar übel mitgespielt, meinte der alte Laurenz Hansen, doch viel schlimmer sei es dem großen Turm ergangen, dem die Zigeuner das Gebälk genommen hätten.

Es sei an einem frühen Aprilmorgen des Jahres 1611 gewesen, kein Lüftchen habe sich geregt, Schweigen habe über dem Strand gelegen, als urplötzlich ein Getöse die Stille durchbrochen habe. Der mächtige Turm war eingestürzt und habe einen Teil des Kirchenschiffes unter sich begraben. Einst sei der Turm doppelt so hoch wie heute gewesen. Fremde Leute, wie Seeräuber und Zigeuner hätten für alle Zeiten ein Zeichen auf dem Strand gesetzt.

Dann erfuhr August von Besenborstel von dem Anschlag, den Hans Andersen in seiner Trunkenheit auf den Turm verübt hatte. Dieser habe nach einer Zecherei, als der Turm noch vollständig gewesen sei, mit einer Flinte das flache Spitzdach des Turmes mit mehreren Schüssen durchlöchert. Leider habe man das Kirchturmdach nicht wieder in Ordnung gebracht, so dass Papierrollen, die wichtige Aufzeichnungen über die Kirche und den Strand enthalten hätten, verwittert und untauglich geworden seien.

Hans Andersen sei ein Hitzkopf, ein Raufbold, vor dem man sich höllisch in acht nehmen solle, schloss Laurenz Hansen seine Geschichte über die Turmruine.

August von Besenborstel hielt sich noch eine Weile bei den drei alten Strandern vor der Schenke auf, machte sich dann auf den Weg zur Balumer Schleuse und unterhielt sich dort mit dem Schleusenwärter und mit Schiffern. Emsiges Treiben herrschte an der Schleuse, an der viele Schiffe festgemacht hatten. In der breiten Fahrrinne, die sich weit ins Wattenmeer hinauszog, dümpelte ein großer Segler.

Der Staller ritt auf der Krone des Deiches weiter. Nach draußen hin streckte sich der Deich im Bogen nach Nordwesten. Er schlug die andere Richtung ein. Dort kam die Einsamkeit des grünen Vorlandes und des Watts. Aber in der Ferne gab es noch einmal etwas zu sehen – die Hallig Hooge.

Er hatte die Turmruine hinter sich gelassen und erreichte nach Stunden Tammensiel. Von dort ritt er wieder zu den Kögen in der Rungholtbucht. Als er den Stallerhof in Gaikebüll erreicht hatte, war die Sonne hinter dem Deich verschwunden.

Es war mehrere Jahre später. Viele heftige Stürme mit vernichtenden Fluten hatten die Deiche stark beschädigt und an einigen Stellen hatte das Meer Wehlen in den Deich gerissen, war in die Köge gedrungen und hatte das Land tief überflutet. Viele Menschen waren ertrunken, ungezähltes Vieh umgekommen und Häuser zerstört worden.

Kaum hatten die Leute vom Strand die alten Wehlen im Deich gestopft, schlug das Meer an anderen Stellen bereits neue. Es war ein Teufelskreis. Es schien, als wolle auf dem Strand nichts glücken – es war, als habe Gott die Insel verflucht.

Und Ose, die Zauberin von Pellworm zog wieder durchs Land und erzählte ihre Schauergeschichten vom nahen Untergang der Insel Strand.

Es war vorzeitig Herbst geworden. Das Leben beschränkte sich weitgehend auf das Geschehen in Haus und Hof. Trübes Licht verwischte die Landschaft. Wohin das Auge blickte, starrten einem Stoppelfelder und überschwemmte Weiden und Pütten entgegen; der Herbst war mit viel Regen gekommen. Je mehr Zeit verging, desto trüber wurde die Stimmung.

So reihte sich Tag an Tag, Woche an Woche und bald kam der Winter. Der Himmel deckte den ersten Schnee über die Erde, Schneegestöber fegte über die Insel, verschüttete die

Köge, so dass die Fuhrwerke steckenblieben und die Fährschiffe ihre Fahrten einstellen mussten. Es wehte ein eisiger Wind, das Meer war kalt und das Seewasser gefror. Land, Meer und Himmel bildeten eine weiße Einheit. Dann hörte es auf zu schneien, die Luft wurde hart und es wurde kälter. Wochenlang blieb es eisig kalt, und die Luft stand zartblau und glasklar über der wie mit einem Pelz vermummten weißen Insel. Der Strand erstarrte in Frost, ein mächtiger Eisgürtel umschloss ihn, auf dem Meer lag ein schillernd stählerner Glanz. Plötzlich sah es aus, als ob am Himmel zwei Sonnen ständen, und die Leute sprachen von einem kommendem Unwetter.

Dann kam der 25. Februar 1625. Ein grauer Morgen erwachte. Das Wasser kam in Bewegung und stieg merklich höher als in den letzten Tagen und Wochen. Der Mensch hatte genug damit zu tun, sich gegen Wind, Eis, Schnee und Kälte zu behaupten; kündigte sich dazu noch eine schwere Sturmflut an?

Die morgens noch eintönige Eislandschaft im Wattenmeer war in Aufruhr geraten. Aus der Ferne drang über die Insel ein eigenartiges Dröhnen und Bersten; Geräusche, die einen Kampf ahnen ließen, den Eis und Wasser miteinander austrugen.

Monatelang war es so still gewesen, man hätte meinen können, die Flut schliefe, jetzt war sie erwacht und ein aufkommendes Unheil kündigte sich an.

Der Sturm hob zu einem Orkan an. Sorgenvoll verfolgten die Menschen vom Strand das Geschehen. Gelegentlich ließen die Wolken sich bis zur Erde herunter; Schneeregen und Graupel drangen aus ihnen. Immer lauter und unheimlicher drang das Dröhnen aus der tiefen Eislandschaft. Das Antlitz, das die Natur hier enthüllte, flößte Grauen ein.

So kam der Abend und mit ihm ein heftiges Gewitter. Riesige Blitze zuckten am Himmel. Das aufgewühlte Meer drängte gegen die Deiche und selbst bei Ebbe ging die Flut kaum zurück.

In dieser Nacht gingen viele nicht schlafen; das Unwetter hielt alle in Atem. Es war eine lange Nacht, eine undurchsichtige Nacht, dichter als Mauern und leer, diese Nacht, in der man das Unheil schleichen hörte. Angst machte sich breit, das Eis könne über den Deich gedrückt werden, die Deichlinie gar zerstören und dem Meer Zugang schaffen. Doch in dieser Nacht blieb das Unheil noch einmal aus.

Das kam am nächsten, an einem furchtbaren Tag. Aus dem Meer stieg ein dumpfes Murren auf, eine Art Grollen von innen heraus. Aus Schnee und Graupel war Regen geworden, der von einem gewaltigen Sturm über die Köge gepeitscht wurde. Der Wind drehte auf Nordwest. Das bedeutete höchste Gefahr für den Strand. Das Meer stieg und stieg. Fürwahr, die Naturgewalten schienen entschlossen, einen Angriff auf die Bollwerke menschlichen Daseins vorzunehmen.

Das Meer glich einem Schlachtfeld. Riesige Sturzseen sausten auf den Deich nieder; ein Gemisch aus Eisschollen und Wasser schlug polternd und schäumend gegen die Böschungen, als wollte es alles zerstören. Vor einigen Kögen türmte das Meer die Eismassen höher empor als die Deichkrone.

An einigen Deichabschnitten wurden ganze Eisfelder über den Deich geschoben und stürzten mit lautem Getöse ins Land. Wieder anderswo schoben sich Eisberge turmhoch. Das Krachen und Bersten wurde nur noch vom unbändigen Heulen des Sturmes überboten. Die Menschen ängstigten sich. Es war furchterregend.

Die Köge in der Pellwormharde traf es am härtesten. An mehreren Stellen wurde der Deich vom Meer und von den Eismassen durchbrochen. Riesige Eisschollen vor sich herschiebend, wälzte das Meer alles dem Erdboden gleich. Häuser wurden niedergerissen, Mühlen umgestürzt und Mensch und Tier kamen in den eiskalten Fluten um.

Eine ähnliche Tragödie ereignete sich im Osten der Insel. Hier waren neben den Deichen auch die Schleusen und Hafenanlagen verwüstet worden. Einige Fähren, die die Verbindung zwischen dem Strand und den Festlandhäfen herstellten, waren von den Eismassen zerdrückt worden und lagen jetzt auf dem Meeresboden. Andere Schiffe waren entweder seeuntauglich oder völlig verloren gegangen. Der Strand war in einer misslichen Lage. Niemand konnte sich entsinnen, je eine so verheerende Eisflut erlebt zu haben. Anscheinend blieb dem Strand nichts erspart.

An Deicharbeiten war in den kommenden Wochen wegen Regen, Schneematsch und gefrorenem Kleie nicht zu denken. Nicht genug mit der Eisflut vom Februar; knapp vier Wochen später schlug der Blanke Hans erneut zu. Er schoss durch die von der Eisflut geschlagenen Wehlen und durchbrach vor weiteren Kögen den Deich. Auch diese Flut brachte Zerstörung und Tod. Die Menschen vom Strand waren der Verzweiflung nahe.

Der Winter wollte kein Ende nehmen; mal taute es, dann wieder kehrte die eisige Kälte zurück. Die Packeisschollen trieben am Deich vorbei – wie platte Fische schwammen sie im Meer. Es folgte ein später und kalter Frühling, der den Sommer nicht über die Schwelle lassen wollte. Das Wetter war vollkommen außer Rand und Band geraten.

Endlich, Ende April brachen die helle Frühlingssonne und milde Frühlingswinde das Eis, setzten dem Schnee arg zu und verwandelten die vor den Deichen aufgetürmten Eisberge zu schmutzigen Klumpen.

Die Leute vom Strand konnten die Arbeiten am Deich wieder aufnehmen. Aber es ging – wie immer – nur langsam voran.

Im Stallerhof zu Gaikebüll saßen über ein Dutzend Männer. Es waren die mächtigsten und wohlhabendsten aus den drei Harden des Strandes; sie kamen aus der Edemsharde, Pellwormharde und der Beltringsharde.

Zu ihnen sprach in lebhafter, leidenschaftlicher Rede Staller August von Besenborstel. Er nahm Bezug auf eine große Karte, die den Strand in seiner bohnenförmigen Gestalt und das umliegende Wattenmeer mit den Halligen zeigte. Auffallend an der Karte war ein in Grün eingezeichneter dicker Strich, der weit draußen im Watt verlief; die grüne Markierung zeigte eine geplante neue Deichlinie. Sie verlief von der Südspitze des Strandes durch das Watt bis raus zur Hallig Südfall und von dort hinüber zur Südwestseite der Insel Strand.

Der Plan, den der Staller den Männern vortrug, sah vor, das gesamte Wattengebiet der Rungholtbucht, einschließlich der Hallig Südfall, einzudeichen. Mit dieser riesigen Eindeichung würde ein Teil von dem zurückgewonnen, was das Meer dem Strand bei der Rungholtflut von 1362 genommen habe.

Der heutige Strand, fuhr August von Besenborstel fort, würde sich durch diese Eindeichung um ein Viertel vergrößern und wieder eine runde Gestalt annehmen. Die tiefe Rungholtbucht würde verschwinden und somit das für den ganzen Strand so gefährliche Staubecken im Südwesten der Insel. Zudem würde die gesamte Deichlinie des Strandes erheblich verkürzt.

Das war ein kühner Plan, den der Staller den Männern unterbreitete. Mit Ernst und Eifer setzte die Aussprache ein. Das Land im neuen Koog lockte. Doch wie hoch würden die Kosten sein, wer sollte die Lasten tragen? Wie wollte man das Fallstief, die reißende Strömung zwischen der Hallig Südfall und dem Strand schließen; war des Stallers Plan zu verwegen oder gar utopisch?

Die Männer redeten sich die Köpfe heiß. Man müsse zuvor Klarheit gewinnen, so der alte Ratsmann Hunne Feddersen aus der Trendermarsch, wie das Meer auf eine derart große Eindeichung antworten werde. Eine Verwirklichung, so darauf der Staller, käme erst in ferner Zukunft in Frage. Jeder Ratsmann möge vorerst den Plan mit den Leuten in seinem Koog besprechen.

Worauf es August von Besenborstel augenblicklich nur ankam, war, den mächtigen Hunne Feddersen mit seinen Überlegungen vertraut zu machen, ihn für die neue Deichlinie zu gewinnen. Der alte Ratsmann genoss Ansehen und Achtung bei den Leuten auf dem Strand. Er liebte die Insel mit großer Innigkeit und Weisheit. Ein wenig melancholisch dachte der Staller an die Zeit nach Hunne Feddersen.

Der alte Mann war gebeugt von der Zahl seiner Lebensjahre. Man brauchte Leute wie ihn auf der Insel; Leute, die Menschen mit all ihren Fehlern und liebenswerten Seiten gleichermaßen kennen. Wissende also, die mit ihren Fähigkeiten das Gute beim Gegner ebenso wahrzunehmen vermögen, wie das Zweifelhafte bei den Freunden.

August von Besenborstel schätzte den Rat dieses Mannes. Er bat ihn daher, mit ihm das Wattengebiet in der Rungholtbucht zu besichtigen.

An einem schönen Julitag machten sich beide auf, um über das in grauer Vorzeit untergegangene Rungholt zu fahren. Als sie den Deich bei Gaikebüll überquert hatten, lag vor ihnen unbedeichtes Vorland, auf dem Rinder und ungezählte Schafe grasten. Weiter seewärts änderte sich das Bild – das Wasser war abgelaufen und hatte das Watt freigelegt. Weit draußen ließ die Sonne die Hallig Südfall über dem gleizenden Wattenmeer schweben.

Es gab Jahre, erzählte Hunne Feddersen, in denen die Halligbewohner gegen ihren Willen einen Monat und oft länger eingesperrt blieben, sei es wegen Nebel, Sturm oder starkem Schneetreiben. Besucher kämen dann auch keine, und mit der Versorgung sähe es düster aus.

Inzwischen befanden sie sich mit ihrem Pferdegespann dort, wo einst Rungholt und die große Vergangenheit des ehemaligen Strandes lag.

Die Geschichte, so der alte Hunne Feddersen zum Staller, während sie über die untergegangenen Lande fuhren, enthalte viel Wunderliches. Das Volk erzähle über das 1362 untergegangene Rungholt, dass dort unermesslicher Reichtum geherrscht haben sollte, selbst Kochtöpfe seien aus Gold gewesen. Rungholt solle aber auch ein sündhafter Ort gewesen sein; ein gotteslästerliches Volk habe dort gelebt. So hätten einmal die Bewohner eine Sau mit Alkohol getränkt, ins Bett gelegt und dann einen Prediger gerufen, dass dieser einem Leidenden das Abendmahl reichen möge.

Gottes Strafe sei über Nacht gekommen und hätte alles ausgelöscht; niemand sei davongekommen. Weite Landstriche mit großen Orten wie Rungholt, Elkenbol, Obbenbol und Niegendam seien vom Meer verschlungen worden.

Im Volke bezeichne man diese Sintflut auch als Manndränke. Was wäre, sagten Staller und Ratsmann sich, wenn eine Sintflut wiederkäme – eine wie 1362. Würden die Deiche der

Insel einem solchen Ansturm des Meeres standhalten, würde der Strand eine Flut wie 1362 überleben? Es schauderte sie, und sie dachten sorgenvoll an die Deiche des Strandes, die fast an der ganzen Linie erhöht und verstärkt werden müssten. Dennoch leisteten sich die Strander unnützen Streit, der die Anstrengungen im Deichwesen lähmte. Es gab viele Leute vom Strand, die ihre Deiche für unbezwingbar hielten. Sie fühlten sich sicher hinter dem „güldenen und eisernen Ring“, wie sie den Deich nannten.

Ein allzu starkes Sicherheitsgefühl, so Hunne Feddersen, berge meist gerade den Teufel des Fehlschlages aller Voraussagen in sich. Denn die Ursache der Katastrophe von 1362 beruhe auch auf einer Fehleinschätzung der Menschen in der damaligen Zeit. Sie hätten dem steten Anwachsen des Meeres nicht genügend Rechnung getragen.

Immer weiter fuhren sie ins Watt hinaus. Grenzenlos dehnte es sich in westlicher Richtung vor ihnen aus. Draußen in den Einöden der Sandbänke und der ewig hin- und her strömenden Stromrinnen sah man weitere Halligen.

Sie gelangten an einen breiten Strom. Es war das Fallstief zwischen Südfall und dem Strand. Tief hatte das Meer sich hier über Jahrhunderte in den alten Boden des ehemaligen Strandes gefressen. Alte Kulturen wie Ackerfurchen und Feldeinteilungen zeugten davon, dass hier einst Menschen gelebt hatten.

Vor dem Strom machten sie kehrt und fuhren zur nahegelegenen Hallig Südfall, und von dort zurück nach dem Strand. Es war bereits Abend, als sie diesen erreichten.

Der Sommer verstrich, ohne dass man näher auf die vom Staller vorgelegten Eindeichungspläne in der Rungholtbucht einging.

Und schon kam der Herbst mit seinen Nebeln, mit Regen und starken Winden. Es herrschte eine bedruckte Stimmung auf dem Strand. Es war schwer, die passenden Worte für diese trübe Zeit zu finden. Die Umgebung war düster – graues Wetter, grauer Himmel, graue Wolken, die unaufhörlich über den Himmel zogen. Nichts war dazu angetan, die Leute aufzumuntern. So rückte der Winter heran. Es kam Frost, der Himmel wurde wieder durchsichtig. Ein landschaftlich schöner Winter.

Das Rad des Lebens drehte sich gemächlich weiter und nahm die Strander mit. Verlassen und friedlich lag die winterliche Insel da. Sie machte einen fast verschlafenen Eindruck. Näherte man sich jedoch den Häusern und Scheunen, so vernahm man überall das taktmäßige KIappern der Dreschflegel und der Webstühle und das gleichmäßige Surren der Spinnräder.

Die trübselige Stimmung vom letzten Herbst war gewichen. Eigentlich waren die Menschen vom Strand ein geselliges Volk, das gern feierte und oft zusammenkam. Es wurde über Alltägliches und über Gott und die Welt gesprochen. Dem selbstgebrauten Gerstenbier und dem südländischen Wein wurden lebhaft zugesprochen. An häufigen und üppigen Mahlzeiten tat man sich wohl.

Den Predigern des Strandes passte das alles nicht. Sie schalten die Strander wegen dieser Gelage und ausschweifenden Gastereien. Doch die Leute vom Strand scherten sich nicht darum. Auch der herzoglichen Verordnung über die Einschränkung der Mahlzeiten schenkten sie kaum Beachtung. Und eine

Verordnung, nach der alle Gäste sämtliche Messer und Dolche nach den Mahlzeiten beim Wirt oder Gastgeber abzugeben hatten, missachteten sie ebenfalls.

Es blieb alles beim alten. Erst vor wenigen Wochen hatte Peter Backsen von Königsbüll seinem Schwager bei der Taufe seines Kindes mehrere Messerstiche versetzt. Nicht viel anders war es bei der Hochzeit von Martin und Inge Schroder aus Lith zugegangen, wo sich Hans Andersen mit dem Jungvermählten angelegt hatte. Und im Fährhaus von Morsum hatten nach einer feuchtfröhlichen Runde und einem hitzigen Wortgefecht Strander und fremde Deicharbeiter ihre Messer gezückt; zwei der Raufbolde waren fast verblutet, ein dritter war mit einem zerschundenen Nasenbein davongekommen.

Der Herzog saß weitab, dennoch gelangte vieles von dem, was auf dem Strand passierte, bis hin zu seinem Hof nach Gottorp. Die Strander waren darüber verärgert; der Herzog möge sich nicht um Dinge kümmern, die nur sie alleine angehe, er möge vielmehr seinen Kammerdiener Gebhard von Hensebeck Perlesticker etwas fester an die Zügel nehmen, am liebsten völlig von der Insel fernhalten.

Man hatte den unliebsamen Kammerdiener in Verdacht, dass er am Hofe gegen sie hetze und die Verhältnisse auf der Insel in den düstersten Farben male. Sie wünschten ihn daher zur Hölle.

Es kam anders. Hensebeck Perlesticker, der als Kammerdiener schon seit geraumer Zeit einen Fuß in der Tür auf dem Strand hatte, wurde zudem noch Eigner vieler Ländereien auf der Insel. Der einflussreiche und geschäftstüchtige Mann hatte 1624 von Herzog Friedrich große Flächen Vorlandes zwischen Tammensiel und Illgrof verliehen bekommen. Mit Hilfe des

Herzogs deichte er es ein und baute sich im neuen Koog ein prächtiges Haus.

Somit hatte Perlesticker sich fest auf dem Strand eingenistet, sehr zum Leidwesen der Strander. Da nützte auch das Gerede von Ipke Rotfuchs nichts, dass man diesen Eindringling wie Ungeziefer ausräuchern müsse.

Nicht genug mit dem neuen Koog, der ihm mehr als zur Hälfte gehörte, Perlesticker bekam weitere Vorländereien vom Herzog überschrieben. Diese lagen im Osten des Strandes, direkt an Volgsbüll. Dieses Land setzte er sogleich in klingende Münze um; er verkaufte es an Hamburger Kaufleute namens Amsink.

Unterdessen führte der geschwätzige Kammerdiener sein Treiben am Hof von Gottorp fort. Der Boden des Strandes sei so fruchtbar, dass die Insulaner mit silbernen Pflugscharen pflügen könnten, da man von zwei Tonnen gesätem Korn auf sechs Demat über 120 Tonnen ernten könne.

Als den Strandern dies zu Ohren kam, redeten sie sich in Zorn. Des Kammerdieners Geschwätz würde nur dazu führen, dass der Herrscher die Landgelder noch höher ansetze. Doch es werde die Zeit kommen, wo ihn seine eigenen Bosheiten einholen würden.

Es erwies sich mit der Zeit immer mehr, dass des Herzogs Kammerdiener und die Leute vom Strand nicht recht zusammenpassten. In Gesprächen führte er hochfahrende Reden, die verrieten, dass er viele Dinge verachtete, die bei den Strandern in Ansehen standen. Von seiner Sache aber hatte er eine stolze Meinung, die wiederum die anderen nicht teilen konnten. Es war keine Freundschaft um diesen Mann und mit den Jahren kam es dazu, dass er immer mehr ausgeschlossen wurde und eine Feindseligkeit aufkam.

Um diese Zeit zog nicht nur Perlesticker den Unwillen des Volkes auf sich. Auch Ose, die Zauberin, war erneut im Gespräch.

Die abergläubischen Leute bekreuzigten sich und flüsterten bösartig, wenn man näher hinsehe, was Ose sei und mache, werde man dahinter Hexerei finden – ganz bestimmt. Dieses Weib, das vorgebe, arm und elend zu sein, sei in Wirklichkeit eine wüste Hexe. Sie verbringe bei Vollmond ihre Zeit damit, in ihrer Kate Zaubersprüche zu murmeln. Sie verhexe das Vieh; mehrfach sei in einigen Kögen plötzlich und unerklärlich Vieh verendet.

Die ständig steigenden Fluten, die zunehmende Bedrohung durch das Meer und die Deichbrüche würden ebenfalls mit Oses geheimnisvollen Zaubersprüchen zusammenhängen.

Ose sei geübt im Hexen, und es fielen den Leuten die Geschichten ein, die man über sie gehört hatte – sie war vom Teufel gezeugt. Das Volk forderte für Ose den verdienten Feuertod. Die besonnenen Menschen vom Strand widersprachen und versuchten den Leuten klarzumachen, dass das Meer nicht wie die kleinen kurzsichtigen Menschen sei, sondern ein gewaltiges Geschöpf, das sich nicht durch Beschwörungen und Zaubersprüche von sonderlichen Frauen beeinflussen lasse.

Gott sei Dank ging es Ose nicht an den Kragen. Sie hatte aber immer mehr Mühe, ihre Handarbeiten, von deren Verkauf sie lebte, an den Mann zu bringen.

August von Besenborstel, nun bereits ein knappes Jahrzehnt Staller des Strandes, war stets erstaunt, wie stark der Aberglaube im Volk verwurzelt war. Er hatte für diese Dinge nichts übrig. Er erwies sich als ein höchst tatkräftiger Mann und hatte Geschick im Umgang mit den Friesen der Insel. Er war besessen von seinem Plan, den Deich an der ganzen Linie zu erhöhen und die gesamte Rungholtbucht zu bedeichen. Beides ungeheuer wichtige Aufgaben für den Strand, die aber auch mit erheblichen Lasten für alle verbunden waren.

Als August von Besenborstel sein Amt als Staller antrat, hatte der Herzog das Volk vom Strand als besonders halsstarrig und eigenmächtig, dennoch den Strand insgesamt als den schönsten Schmuck in seiner Krone bezeichnet. Und diese Insel bedürfe einer starken Hand eines umsichtigen Mannes mit Wissen und Einsicht.

Auf dem Strand setzte sich der Streit um die Deichlasten unvermindert fort. Man könne nicht länger untätig zusehen, wie das Meer ständig wachse und immer erdrückender werde. Der Strand laufe Gefahr, zugrunde zu gehen. Eine Erhöhung an der ganzen Deichlinie sei lebenswichtig. Ein Teil der Strander war bereit und in der Lage, weitere Deichlasten zu übernehmen. Wieder andere fürchteten die zusätzlich hohen Belastungen. Sie sahen auch keinen direkten Nutzen und keinen Gewinn in diesen Deicharbeiten. Es gab viele Leute mit nur geringem Einkommen, und es gab auch viele, die neben den schon jetzt hohen Deichlasten beträchtliche Pachtsummen für ihre Ländereien zahlen mussten.

Man lief jedenfalls kräftig Sturm gegen die Erhöhungspläne. Der mächtige Ipke Tadsen, den die Leute Rotfuchs nannten, bezeichnete diese Pläne gar als völlig überflüssig. Diese seien des Stallers blindem Ehrgeiz entsprungen, mit denen er sich am Hof bei Herzog Friedrich als williger Diener erweisen wolle. Ipke Rotfuchs fand mit seinen ketzerischen Reden viel Gehör bei den Leuten.

Diese Deicherhöhungen seien unerlässlich, und August von Besenborstel gab seine Bemühungen, außerhalb der Insel Geldgeber für die Deicherhöhung zu gewinnen, nicht auf. Viele Sachen, sagte sich der Staller, über die man mit dicken Köpfen gesprochen hatte, zergehen in dieser Welt rasch und spurlos, sobald eine Geldsumme genannt wird, sobald Vorteile herauskommen.

Schon vor über fünfzig Jahren hatte der damalige Herzog in einer Verordnung von der notwendigen Erhöhung sämtlicher See- und Mitteldeiche gesprochen, da mit stärkeren Stürmen und erhöhten Wasserständen zu rechnen sei.

Jahrzehnte waren ins Land gegangen, doch die Bemühungen waren durchweg in den Anfängen steckengeblieben. Taten waren kaum gefolgt. Und heute waren die Vorhaben dringender denn je.

Bei größeren Deicharbeiten mussten die Strander fremde Deicharbeiter auf die Insel holen, obwohl knapp 9000 Menschen auf der Insel lebten. Oft mussten sie ganze Völkerschaften verpflichten. Auf die Fremden wurde aber hochmütig herabgesehen. Die Strander fürchteten, dass sie ihrem Wesen und ihrer Eigenart schaden könnten. Fremde Menschen waren gleichbedeutend mit verkommenen Sitten und Gebräuchen. Daher hielt man die Zahl der fremden Deicharbeiter so gering wie möglich. Streng achtete man darauf, dass die Fremden nach Beendigung der Arbeiten nicht auf dem Strand sesshaft wurden und dass sie sich nicht mit den Strandern vermischten.

Und so ging die Zeit dahin. Der Winterthing, die Ratsversammlung der Dreiharden, stand bevor. August von Besenborstel hatte zum Stallerhof nach Gaikebüll geladen. Die Ratsmänner wollten Gericht halten und erneut über das Deichwesen sprechen.

Mit ihren stolzen Gespannen fuhren die Ratsmänner aus sämtlichen Kögen zum Versammlungsort; nur die jüngeren kamen zu Pferde. In der Schenke zu Gaikebüll traf man sich, erst dann ging es hinüber in den Gerichtssaal des Stallerhofes. Neben den Ratsmännern versammelten sich hier auch Deichrichter und Bevollmächtigte. Als letzter betrat der Staller den Raum, ein Mann von kräftiger Statur und mit sympathischen Zügen.

Der Thing konnte beginnen. Zuerst wurde Gericht gehalten. Anneke vom Moor wurde beschuldigt, ihr Neugeborenes im Kindbett mit einem Kissen erstickt zu haben. Weinend versuchte die Frau dem Thing zu erklären, dass ihr Kind eines natürlichen Todes gestorben sei.

Ob es denn zutreffe, wollte Ipke Rotfuchs wissen, dass sie sich mit einem Fremden eingelassen habe und ob dieser der Vater des Kindes sei. Das allein schon sei verwerflich und verdiene eine abschreckende Strafe.

Ipke Rotfuchs sah furchteinflößend aus; feuerrotes Haar, schon ein wenig graumeliert, ein von Wind und Wetter gezeichnetes Gesicht mit stechenden, dunklen Augen.

Er fügte hinzu, dass die Leute vom Moor es überhaupt mit den Sitten und Gebräuchen nicht sonderlich genau nähmen. Deshalb solle man ein besonders strenges Strafmaß anlegen.

Die Strander nannten das hochgelegene Gebiet das „wüste Moor". In der Vergangenheit hatten die Menschen bei Überflutungen auf dem hohen Moor vorübergehend sicheren Schutz gesucht. Die urwüchsige Landschaft war nur von wenigen Leuten bewohnt. Sie zählten zu den Ärmsten des Strandes. Das Land eignete sich nur zum Torfstechen. Der Boden war karg und völlig anders als auf der übrigen Insel. Gelbes Gras hatte sich ausgebreitet, Farnwedel wucherten und dazwischen Heidekraut, Binsenbüschel umkranzten Wassertümpel.

Auf dem Strand gelte gleiches Recht für alle, meinte der gestrenge Nickels Edlefsen aus der Pellwormharde. Der Frau dürfe bei der Rechtsprechung nicht zur Last gelegt werden, dass sie zu den Moorleuten zähle.

Der Thing stellte kein Vergehen fest und entschied auf Freispruch. Anneke wurde jedoch auferlegt, sich fortan von Fremden fernzuhalten.

Dann kam die Verhandlung mit Engel und Ida; beide hatten unerlaubt Korn gesammelt. Hierauf stand entweder Gefängnis oder ein Verweis von der Insel. Der Staller forderte beide zu einer Stellungnahme auf.

Engel war so schrecklich verschüchtert, dass sie kaum ein Wort hervorbrachte. Ida war resoluter, sie war imstande, auszudrücken, was sie bewegte. Sie war von eigenartiger Schönheit, sie hatte hellblaue, leuchtende Augen und ihr flachsblondes Haar zu einem geflochtenen Kranz um den Kopf gewunden. Sie war einfach, aber adrett gekleidet.

Die Männer betrachteten sie mit Wohlgefallen. Sie begann erst zögernd, dann mit fester Stimme, dass sie aus purer Not für ihre hungernden Kinder gehandelt habe. Dem betreffenden Bauern sei kein Schaden entstanden, denn dieser hätte den Acker sogleich gepflügt, ohne ihn vorher abgesammelt zu haben. Ihr Mann sei beim Deichschluss umgekommen. Jetzt müsse sie allein für ihre fünf Kinder sorgen. Sie rackere von morgens früh bis abends spät, und doch lange es kaum zum Leben.

„Warum“, so fragte die Frau, „ergeht es dem Gerechten übel auf Erden und die Missetäter ernten feinen Lohn?“ Überhaupt fände sie es unerklärlich, dass so viele mächtige Männer sich einer so geringen Sache annähmen, es gäbe doch wichtigere Dinge zu entscheiden.

Es wurde totenstill nach dieser Rede. Die wohlwollenden und interessierten Mienen waren verschwunden. Es brach ein Sturm der Entrüstung los. Unverschämt, unwürdig und undankbar, waren noch milde Bezeichnungen.

„Hier ist ein Höchstmaß an Strafe gefordert", rief laut Ipke Rotfuchs. Mütterlicherseits sei dieses Weib mit Ose, der Hexe, verwandt, und dieses erkläre vieles. Viele Ratsmänner forderten, das Weib von der Insel zu verweisen.

Dem Staller gelang es nur schwer, die aufgebrachten Männer im Thing zu beruhigen. Auch er halte das Auftreten der Frau für unbotsmäßig, dennoch habe der Thing Gerechtigkeit walten zu lassen; die Frauen kamen mit zwei Wochen Gefängnis verhältnismäßig glimpflich davon.

Dann folgten einige Fälle, wo Koogbewohner ihre Deichlasten nicht entrichtet hatten. In den Nachmittagsstunden ging es im Thing erneut um Deicherhöhungen und um des Stallers Pläne zur Bedeichung der Rungholtbucht – auch diesmal kam es zu keiner Einigung unter den zerstrittenen Ratsmännern.

Der Winter verging. Die Insel grünte wieder, und schon bald kam der Herbst mit seinen grauen Nebelschwaden, dann schneite der Strand wieder ein. Die Zeit ging dahin.

Auf der Insel hatte sich was getan; die Hamburger Kaufleute Amsink arbeiteten mit Volldampf an der Eindeichung ihres Kooges, am Westersiel war eine neue Schleuse gebaut und der Seedeich an kleinen Abschnitten des Strandes erhöht worden. Das Meer, das einige Male ins Land gebrochen war, hatte die

Entwicklung kaum behindert und auch keine größeren Schäden verursacht.

Auch auf einem ganz anderen Gebiet war man auf dem Strand erfolgreich gewesen; die Inselverteidigung unter Landeshauptmann Simon Hansen hatte mehrfach Angriffe und Überfälle plündernder Seeräuber abgewehrt. Der Strand hatte ein beachtliches Heer von bewaffneten Männern. In letzter Zeit hatten sich viele an den Waffen ausbilden lassen.

Inzwischen ruhte der alte Ratsmann Hunne Feddersen auf dem Gottesacker neben der Kirche zu Trendermarsch. Wie ein Donnerschlag hatte des Ratsmanns Ende den Staller August von Besenborstel getroffen, der große Hoffnung hatte, mit Hilfe dieses mächtigen und klugen Mannes die zerstrittenen Strander zu einen, um den Deich des ganzen Strandes zu erhöhen. Bislang war nur Stückwerk vollbracht worden; die Gefahr einer Flutkatastrophe war bei weitem noch nicht gebannt.

Dann gab es noch die Eindeichungspläne für die Rungholtbucht, wo mit einem Schlag dem Meer eine riesige Fläche entrissen werden sollte. Doch es schien, als ob in diesen Dingen den Staller durch Hunne Feddersens Tod sein Glück im Stich gelassen hatte. Hinzu kam, dass sich drohende Wolken am fernen Himmel zusammenzogen; auf dem ganzen Kontinent herrschten erbitterte kriegerische Auseinandersetzungen zwischen nordischen und kaiserlichen Heeren. Sorgenvoll blickte der Staller in die Zukunft.

Doch das Volk nahm die Zeichen des Krieges nicht sonderlich ernst. Schließlich verfüge man über wehrhafte Truppen, dazu lag die Insel etliche Schuss weit vom Festland entfernt. Eine schlickige und mit Strömen und Prielen durchzogene Wattenlandschaft bildete einen natürlichen Schutz gegen unliebsame Besucher. Bei Gott, keiner sollte es wagen, ungebeten einen Fuß auf die Insel zu setzen.

Vielleicht könne der Strand bei den Kriegswirren sogar ein Stück verlorengegangener friesischer Freiheit wieder zurückerobern. Einige Leute vom Strand sahen ihre Insel schon frei und unabhängig; einen Strand ohne den lästigen Herrscher in Gottorp.

Eines Morgens durchlief eine Neuigkeit den Strand; der Herzog wollte der Insel einen Besuch abstatten. Und das gerade jetzt, wo der Gedanke nach mehr Freiheit für den Strand immer größeren Beifall fand.

Die Strander befanden sich im Widerspruch. Einerseits bemühten sie sich fortwährend um Hilfe, um Gelder für den Deichbau aus Gottorp, andererseits empfanden sie die Herrschaft von dort als Einmischung. Leute wie Ipke Rotfuchs, Simon Hansen und Benno Numensen taten so, als ob sie nur Gott, sonst aber niemand neben sich duldeten. Für sie bedeutete der angekündigte herzogliche Besuch eine verzwickte Lage. Flugs streuten sie das Gerücht unter das Volk, dass das Herzogtum im Niedergang sei; dass es damit zu Ende gehe, also müsse es jetzt auf den Scheiterhaufen. Der freiheitliche Geist des Strandes solle dem Herzog bei seinem Besuch kräftig entgegen blasen. Unaufhörlich hetzten sie gegen den Herzog.

Dem Staller und einigen besonnenen Ratsmännern ging dies entschieden zu weit. Man werde diejenigen, die künftig zum Aufstand gegen den Herzog aufriefen, dem Gesetz übergeben und mit Einkerkerung strafen. Ipke Rotfuchs, Landeshauptmann Simon Hansen und ihr Gefolge hielten sich daraufhin zurück. Der Tag, an dem sich der Strand erheben werde, komme dennoch, murrten sie.

Dann drang aus Gottorp die Kunde ins Land, dass der Herzog einen größeren Geldbetrag für den Deichbau bereitstellen wolle. Plötzlich war er ein hochwillkommener Gast auf dem Strand. Auch sahen viele Leute im herzoglichen Besuch einen wundervollen Tag der Abwechslung und Unterhaltung. Sie wollten seiner fürstlichen Durchlaucht einen huldvollen Empfang bereiten. Der Strand sollte sich von seiner schönsten Seite zeigen.

An Häusern und Gärten wurde gearbeitet, geputzt, gemalt und gewerkelt, Wege wurden geebnet. Am Morsumhafen, wo der hohe Besuch erwartet wurde, ersetzte man die alte Anlegebrücke durch eine neue. Auch für die Frauen der Insel war dies ein festliches Ereignis, sie holten ihren schönsten Staat aus Schränken und Truhen.

Dann kam der Tag. Das Volk strömte durch die Köge, füllte Wege und drängte auf den Hafenplatz. Prächtig hatten sie sich herausgeputzt. Kinder, die meisten barfuß, spielten und lärmten in der Menge. Selbst Landeshauptmann Simon Hansen, der noch vor Tagen aufständische Reden gegen den Herzog geführt hatte, war in seinem farbigen Waffenrock gekommen. Mit einer Schar Berittener hatte er oben auf dem Deich, direkt neben den Geschützen, Stellung bezogen; Böllerschüsse sollten den Gast empfangen.

Nur langsam näherte sich das herzogliche Schiff der Insel. Die Menge wartete ungeduldig. Endlich, endlich gelangte das Schiff im Hafen von Morsum an. Und schließlich lag es in seiner ganzen Größe vor den staunenden Strandern. Das stattliche Schiff trug am Großmast die blauroten Farben des Herzogtums. Oben auf dem Deich donnerte das erste Geschütz, dann setzte die Musik mit ihren Trommeln und Trompeten ein; weit hallte sie über das Wattenmeer. Auf dem Hafenplatz standen Staller und Ratsmänner zum Empfang bereit.

Dann kamen sie mit großem Pomp – vorneweg der Herzog, dann die Diener, Höflinge und Schreiber. Im Gefolge war auch der auf dem Strand so verhasste Kammerdiener Hensebeck Perlesticker. Unverständlich, dachte so manch Strander, dass der Herzog sich mit diesem Mann umgab.

Der Herzog war ein Mann von kleiner Statur, war glänzend gekleidet und zeigte feines Benehmen. Die mächtigen Männer des Strandes machten vor ihm tiefe Verbeugungen.

Mit einer wohlklingenden Rede hieß Staller August von Besenborstel den hohen Gast auf seiner Insel willkommen. Unter Beifall und Hurra stieg der Herzog in die Kutsche, die von sechs Reitern eskortiert wurde, und dann sprengte der Besuch in Richtung Gaikebüll zum Stallerhof.

Die Menge löste sich auf. Zuletzt war nur noch die Schenke des Morsumer Fährhauses gefüllt mit Männern, und es war laut vom Lärm der Zungen und Gläser.

Im Stallerhof ließ Herzog Friedrich sich vom Staller über das Deichwesen und über die Verwaltung des Strandes unterrichten. August von Besenborstel wurde vom Herrscher über das kriegerische Geschehen auf dem Festland informiert. Das Herzogtum werde sich gegenüber den zerstrittenen Mächten neutral verhalten, und dies gelte auch für den Strand. Dem Herzog waren die aufständischen Reden über einen freien Strand wohl zu Ohren gekommen. Bereits am folgenden Tag verließ Herzog Friedrich wieder die Insel.

Wann kam eine Zeit, in der die Tage sorglos verstrichen. Es war Frühherbst mit warmem, ruhigem Wetter. Über der Insel lag der Himmel tiefblau. Nur weit draußen konnte man graue, hell gesäumte Wolkenwände unbeweglich am Horizont stehen sehen. So war das Wetter bereits seit einigen Monaten, es schien, als ob Sturm und Regen schliefen.

In Morsum war Herbstmarkt. Markttage waren Tage voller Leben, sie bedeuteten Abwechslung und Frohsinn. Auch diesmal versprach es, ein vergnüglicher Markt zu werden.

Schon Tage vordem waren Zelte, Buden und Stände aufgestellt worden. Gaukler, Künstler und Aufschneider, ja ganze Scharen fremden Volks waren auf die Insel gekommen. In den Häfen hatten Schiffe aus fernen Landen festgemacht. In Ihrem Bug waren kostbare und sonderliche Dinge verstaut, die in klingende Münze umgesetzt werden sollten. Der Strand galt weithin als wohlhabend, und die Erzeugnisse der Insel waren weit und breit begehrt.

In dieser Zeit durchlief ein Gerücht den Strand. Viele Leute wollten mehrfach um Mitternacht feuerrote Kometen am Himmel gesichtet haben. Diesmal war es nicht nur die Zauberin Ose, sondern auch andere Leute erzählten, dass sich grauenhafte Katastrophen ankündigten; eines Nachts werde das Meer den ganzen Strand verschlingen. Doch Geschäftigkeit und die Vorfreude auf den Herbstmarkt verdrängten sehr schnell die Gerüchte.

Der Markttag kam. Auf den Wegen das Rattern der Gespanne, das Peitschenknallen nahm kein Ende. Aus allen Ecken strömten die Menschen herbei, der ganze Strand schien auf den Beinen zu sein. Alle waren sie gekommen, angelockt von Freude und Frohsinn, von Geschäften und Neugierde.

Ipke Rotfuchs, Nickels Edlefsen und Hans Ingwersen kamen mit ihren Vierspännern daher gerast, was das Zeug hielt. Stolz kehrten sie ihren Reichtum und ihre Macht nach außen, und auf dem Markt wetteiferten sie um die fettesten und größten Ochsen.

Wundersames Leben erfüllte Morsum. Musik und Gesang, farbenprächtige Gewänder und das Durcheinander der Sprachen prägten das Leben auf dem Marktplatz, wo sich eine bunte Gesellschaft von Kaufleuten, Possenreißern, Schwindlern und Gaunern, von Bürgern, großen Herren und eleganten Damen drängte.

Unter die Menge mischte sich auch Staller August von Besenborstel, um sich ein Bild vom Geschehen zu machen. Der Markt war auch ein Spiegelbild von Wohlbefinden und Missmut des Strandes. Dieser Markt, so schien es, versprach viel Gutes.

Von einigen Ständen trug der Wind vielerlei Gerüche herbei, den Geruch von Muskat, Zimt und anderen fremdländischen Gewürzen. Die mannigfachen Düfte verrieten auch frisches Brot und geräuchertes Fleisch vom Strand.

Die Warft des Morsumer Fährhauses war von Menschen überlaufen. Die Inselverteidigung, voran Simon Hansen auf einem prächtigen Wallach, marschierte auf und nahm oben auf dem Seedeich Stellung; der Inselhauptmann meinte, ein wenig Stärke vor den vielen Fremden zu demonstrieren, könne nicht schaden.

Wagen fuhren umher. Lärm und Geplauder herrschten ringsum. Trubel auch im großen Fährhaus; singende, lachende, trinkende und diskutierende Leute. Überall. Es wurde ungezwungen gelacht und gelärmt. Bier und Wein flossen in Strömen. Es wurden dabei die seltenen Gewürze verspeist zu Hühnern, dick wie Ferkel, Enten, so groß wie Gänse und draußen vor dem Fährhaus wurde an einem Bratspieß ein ganzer Ochse gewendet. Ausgelassenheit überall.

Diskutiert wurde hauptsächlich über den Krieg. Menschen, die von weither gekommen waren, hatten die Kunde verbreitet, dass kaiserliche Truppen unter Wallenstein die Elbe überquert hätten und dass die Dänen auf dem Rückzug seien. Der Krieg nähere sich den Grenzen Frieslands.

Für die Strander war das Geschehen noch weitab. In Übermut tönte das Volk, dass man fremden Heeren, die ungebeten die Hand nach dem Strand ausstrecken würden, gehörig das Fell versengen werde. Die ganze Insel stehe Gewehr bei Fuß, man solle sie nur gewähren lassen. Und für viele rückte mit dem nahenden Krieg der „freie Strand" ein Stück näher.

Das Volk empfand es als befreiend, nicht mehr hauptsächlich über das Deichwesen zu sprechen und zu streiten, sondern über den Krieg zwischen nordischen Völkerschaften und kaiserlichen Heeren zu diskutieren. Und es wurden Vorbereitungen zu kriegerischen Auseinandersetzungen auf dem Strand getroffen. Dem ältesten und ärgsten Feind, dem Meer, schenkte man um diese Zeit kaum mehr Beachtung.

Plünderungen, Morde und Brandschatzungen spielten sich außerhalb der Insel ab, die Strander genossen ihr Dasein in vollen Zügen. Es schien, als ob ihnen nichts auf dieser Welt etwas anhaben könne.

Geschäftig ging es her. Es wurden von Ständen Gemüse, Käse, gepökeltes Fleisch an Festländer verkauft; Stimmengewirr, Gegacker von Hühnern und das Quietschen der Ferkel hallten durch die Luft; Rinder brüllten, Pferde wieherten, die Händler schlugen sich mit ihren Fäusten zur Bekräftigung ihrer Anpreisungen dröhnend an die Brust – ringsum den Markt wurde Heu wagenweise verkauft.

Dazwischen Gaukler und Zauberer, Feuerschlucker, Musikanten und Sänger, die mit ihren Darbietungen das Volk belustigten.

Schiffer und Händler aus fernen Landen hatten wertvolle und farbenfrohe Tücher und andere Kostbarkeiten auf den

Markt gebracht. Ganze Ballen von Samt und Seide lagen auf den langen Tischen. Die Frauen des Strandes kamen aus dem Staunen nicht heraus. Wundersames im Überfluss: Ohrringe, Halsketten, Broschen und Armbänder, und es gab noch manches mehr, sofern man hier auf dem Markt den Preis dafür aufbringen konnte. Doch auch jene, denen es unmöglich war, wollten wenigstens einen Blick auf die Schönheit erhaschen. Gediegen bemalte Kacheln und kunstvoll geschnitzte Möbel aus seltenen Hölzern wurden bestaunt und von den wohlhabenden Bürgern gekauft.

Doch auch die Einheimischen hatten sich auf diesen Markt vorbereitet und allerhand handwerkliche Dinge angefertigt. Alle wollten das große Geschäft machen. Korbmacher, Holzschuhmacher und andere Handwerker zeigten vor den vielen Fremden ihr Können. Und die Frauen des Strandes boten schön gewebte Tücher und kunstvolle Handarbeiten an.

Der Markt quoll über von den vielen und guten Dingen. Es war, als ob der Strand in Saus und Braus lebte.

Bis spät in die Nacht hinein dauerte das bunte Treiben, und am nächsten Tag wurde weitergemacht. Es waren herrliche Tage für die Strander, doch sie währten nicht lange. Der Alltag holte sie wieder ein.

Der Krieg näherte sich bedenklich dem Strand. Zwischen der Insel und feindlichen Heeren lag nur noch das Wattenmeer.

Die Verantwortlichen des Strandes hatten Sorgen; besonders schwer trug Staller August von Besenborstel daran.

Fast alle Deichbaugelder flossen in die Verteidigung, die ungeheure Summen verschlang. Von Hof zu Hof, von Koog zu

Koog zogen der Staller und die Ratsmänner, um zusätzliche Gelder zu erbitten; die übliche Landabgabe reichte nicht aus, die enormen Kosten zu decken.

Noch herrschte auf dem Strand eine Woge der Begeisterung, so dass die Leute mit ihrem Ersparten herausrückten. So nutzten Staller und Gefolgschaft die Gunst der Stunde.

Auf der Insel waren etwa 3000 Mann bewaffnet. Selbst alte Männer ließen sich ausbilden und bei den Fähnrichen einreihen. Der Deichbau entwickelte sich in dieser Zeit zu einem Stiefkind. Viele fremde Arbeiter hatten die Insel bereits verlassen, oder die Arbeit niedergelegt. Sie forderten bessere Lebensbedingungen und eine höhere Entlohnung. Der Staller und der Deichrichter mussten hart durchgreifen, um die Ordnung wieder herzustellen und die Deicharbeiten wieder in Gang zu bringen. Doch es ging nur zögernd voran.

Der Arbeitseifer der Strander fand anderswo statt. Überall auf dem Seedeich wurden Schanzen und andere Verteidigungseinrichtungen errichtet. Ganze Bataillone von wehrfähigen Männern patrouillierten ständig auf dem etwa hundert Kilometer langen Seedeich. Kein Schiff sollte sich unbemerkt der Insel nähern. Der ganze Strand fieberte dem Krieg entgegen. Man wollte es den verhassten fremden Völkerschaften zeigen, wer Herr im Hause war.

Das Meer, der ständige und ärgste Feind der Strander, hielt sich auffallend zurück, und dies kam den Leuten während ihrer Kriegsvorbereitungen nur gelegen.

Viele Leute vom Strand waren von der Idee besessen, die Insel vom Herzogtum zu lösen und ihr die Selbständigkeit zu verschaffen. Freiheit für den Strand, lautete die Devise. Sie wollten keine fremden Heere auf der Insel, weder kaiserliche noch dänische, doch auch des Herzogs Truppen hatten ihrer Meinung nach nichts auf dem Strand zu suchen. Man war zu allem entschlossen. Ipke Rotfuchs und Simon Hansen verbreiteten erneut die Parole, dass die Stunde der Freiheit näher rücke.

Dieses Gerücht durchlief nicht nur den Strand, sondern gelangte bis zum Hof Herzog Friedrichs, der missmutig das Geschehen verfolgte. Die Strander galten seit jeher als unbequeme Untertanen, doch diesmal, so hieß es in Gottorp, seien sie zu weit gegangen.

Dies war die Stunde für Kammerdiener Perlesticker, der den Kaiserlichen eng verbunden war. Er hatte den kaiserlichen Heeren beim Versuch geholfen, die Insel Helgoland einzunehmen; und jetzt war er dabei, den Strand diesen Heeren zu öffnen.

Die Strander erfuhren davon und durchschauten seine Ränkespiele. Unverhohlen bezichtigten sie ihn des Verrats und der Schurkerei. Des Herzogs Kammerdiener hatte sich nun vollends mit den Strandern überworfen.

Beunruhigt über die Entwicklungen machte der Herzog dem Strand einen plötzlichen Besuch. Staller und Ratsleute wurden unmissverständlich daran erinnert, dass die Insel seiner Herrschaft unterliege und einen Eid auf ihn geschworen habe. Notfalls werde er den Strand mit Waffengewalt gefügig machen.

Herzog Friedrich befand sich in einer misslichen Lage. Er wollte sich weder mit dem Dänenkönig noch mit dem Kaiser anlegen. Als nun die Dänen von den kaiserlichen Heeren geschlagen und vertrieben wurden und vor den Grenzen des Herzogtums standen, schloss er mit den Kaiserlichen eine Vereinbarung. Diesen wurde ungehindert Zutritt und Einquartierung gewährt. Als Gegenleistung sollten die fremden Heere das Herzogtum von kriegerischen Handlungen verschonen.

Danach stand der zum Herzogtum gehörende Strand den Kaiserlichen offen. Diese Abmachung, so die Strander im Zorn, sei ohne sie gemacht worden und sie dächten nicht daran, auch nur einen einzigen Kaiserlichen auf die Insel zu lassen. Es war bis zum Strand gedrungen, dass die Heere – trotz der Vereinbarung – innerhalb weniger Tage die Landschaft Eiderstedt leer gefressen hatten; plündernd, mordend und brandschatzend waren sie über das Volk hergefallen.

Diese Barbaren, schworen sich die Strander, sollten mit allen Mitteln von der Insel ferngehalten werden, koste es, was es wolle. Sie ließen ihre Muskeln spielen. Der Deich wurde mit noch mehr Geschützen bestückt, und noch mehr Männer eilten zu den Waffen.

Sie ließen sich keinesfalls von der ungeheuren Überzahl feindlicher Heere beeindrucken. Ihre Warnung richtete sich nicht nur gegen die Kaiserlichen, sondern auch gegen die dänischen Truppen, die mit der Idee liebäugelten, auf dem Strand Stützpunkte gegen die feindlichen Heere des Kaisers zu errichten. Die Insulaner ließen auch die herzoglichen Truppen wissen, dass sie nichts auf der Insel verloren hätten. Sie sollten sich hüten, nach dem Strand zu kommen.

Es schien, als ob man gegen den Rest der Welt antreten wollte. Aus dem anfänglichen Geplänkel und den großspurigen Worten wurde mehr und mehr Ernst.

Es kam zu ersten kleinen Scharmützeln. Kaiserliche Soldaten versuchten, mit einigen Booten unbemerkt auf die Insel zu gelangen. Die Strander waren auf der Hut, die Eindringlinge wurden frühzeitig entdeckt und in die Flucht geschossen. Das stärkte das Selbstvertrauen und den Kampfeswillen und die feindlichen Heere spürten, dass es ihnen mit ihren Drohungen Ernst war.

Herzog Friedrich fühlte sich durch das eigenmächtige Handeln der Strander herausgefordert. Er schickte Peter Nannen als Gesandten auf die Insel. Dieser einflussreiche Mann sollte die Strander zur Vernunft bringen sollte, erntete jedoch nur viel Unverständnis. Sie hielten ihm vor, sich einmal in seiner Heimat Eiderstedt umzusehen, wo die Kaiserlichen wie die Vandalen hausten. Nein, keine fremde und feindliche Truppe käme auf die Insel. Nicht der Strand, sondern der Herzog habe die Vereinbarung mit den Kaiserlichen getroffen.

Peter Nannen musste unverrichteter Dinge vom Strand reisen. Als er bei Lith auf die Fähre stieg, bedachten die Leute ihn mit Spott und Gelächter. Aufgebracht hatte er den Strandern zugerufen, dass böse und dumme Menschen zuletzt ihren gerechten Lohn ernteten – aber die Dummköpfe zuerst, der Strand werde schon bald bekommen, was ihm zustehe.

Nach diesem erfolglosen Besuch des Gesandten spitzte die Lage sich immer weiter zu. Staller August von Besenborstel wurde aufs Festland beordert, wo man ihn kurzerhand darüber informierte, dass eine Einquartierung kaiserlicher Truppen auf dem Strand unmittelbar bevorstehe. Das Volk habe umgehend Folge zu leisten und die Vorbereitungen dafür zu treffen, anderenfalls würde man gewaltsam gegen die Insel vorgehen.

Der Strand stehe weitgehend unter Wasser – was unzutreffend war – mit weiteren Wassereinbrüchen sei zu rechnen, die Ernten seien miserabel gewesen, überhaupt, so der Staller, herrschte auf der Insel Not und Elend, so dass die Strander nicht in der Lage seien, fremde Heere aufzunehmen. Man könne lediglich mit einem Geldbetrag als Ausgleich aufwarten, beschwor August von Besenborstel seine Verhandlungspartner. Er bat jedoch um einen Aufschub von einigen Tagen, da der

Thing mit seinen Ratsleuten darüber zu befinden habe. Dem Strand wurde eine kurze Frist gewährt.

Im Thing setzte sich die Auseinandersetzung über eine eventuelle Einquartierung feindlicher Heere oder eine geldliche Leistung an die verhassten Kaiserlichen unvermindert fort. Über eine Einquartierung wollte man gar nicht reden; die Heere sollten auf dem Festland bleiben, und jedes ungebetene Schiff würde sein Ende auf dem Meeresgrund finden, man würde die Geschütze sprechen lassen.

Und die geldliche Leistung? Ipke Rotfuchs und sein Gefolge ließen sich auf nichts ein. Mit vor Zorn gerötetem Gesicht, das mit zunehmendem Alter immer trockener und runzliger geworden war – auch hatte sein ehemals roter Schopf eine weiße Färbung angenommen – wetterte der alte Haudegen Ipke Tadsen gegen die fremden Heere. Es sei schändlich, überhaupt daran zu denken, die Mägen feindlicher Truppen zu füllen und den Feind bei seinen kriegerischen Aktionen zu unterstützen. Freiheit für den Strand lasse sich nicht erkaufen, dafür müsse gekämpft werden. Notfalls könne man, so Ipke Tadsen, wenn dennoch Feinde ins Land kämen, die Schleusen der Insel öffnen, um das Pack mit Mann und Maus zu ertränken.

Hinweise, dass der Strand von einer ungeheuren Übermacht fremder Heere umgeben sei, beeindruckten anscheinend nicht.

Staller August von Besenborstel und Ratsmann Nickels Edlefsen beschworen den Thing, dem Strand die feindlichen Heere mit einer geldlichen Leistung vom Halse zu halten. Der Insel würden womöglich schwere Opfer erspart. Auch könne somit ein offener Bruch mit dem Herzogtum verhindert werden; immerhin habe der Strand einen Eid auf den Herzog geschworen, und dies bedeute gegenüber dem Herzogtum Gehorsamkeit.

Letztlich hatte der Thing sich für einen Betrag entschieden, der so gering war, dass der Herzog sich herausgefordert fühlen musste. Und prompt kündigte dieser ein Schiff mit seinen Soldaten an, und künftig sollten die bewaffneten Strander unter Führung herzoglicher Captaine stehen.

Die Lage war verzwickt; nicht kaiserliche, sondern herzogliche Truppen würden kommen. Doch auch diese wollte man nicht. Würde man jedoch das herzogliche Schiff unter Beschuss nehmen, so bedeutete dies Aufstand gegen den Herrscher. Ließ man es anlegen und die herzoglichen Truppen an Land, so würden alsbald die Kaiserlichen folgen.

Als der vom Herzog eingesetzte Staller entschied August von Besenborstel, dass das herzogliche Schiff den Strand unbehelligt anlaufen sollte und dass die Truppen als Verbündete aufzunehmen seien.

Landeshauptmann Simon Hansen und Ipke Rotfuchs murrten, dass es diesem Staller an Courage mangle, und erzählten die Geschichte von Staller Edlef Knudsen, wie dieser sich in einer kritischen Lage gegenüber seinem Herrscher verhalten habe. Im Bauernkrieg von 1472, als die Friesen sich vom Dänenkönig absetzen wollten, hatte Edlef Knudsen sich zu einem Anführer aufgeschwungen. Der Aufstand schlug fehl, und die Anführer wurden festgenommen und bestraft. Staller Edlef Knudsen wurde auf eine besonders grausame Art hingerichtet; er wurde an ein hölzernes Gestell gebunden und man schnitt ihm bei lebendigem Leib das Herz heraus und schlug ihm damit auf sein „lästerliches Schandmaul".

An diesem Staller sollte August von Besenborstel sich einmal ein Beispiel nehmen, meinten die aufsässigen Strander und hetzten weiter gegen ihn.

Als das herzogliche Schiff zum Strand unterwegs war, durchlief plötzlich ein Gerücht die Insel, dass sich kaiserliche Truppen näherten.

Die ganze Inselbevölkerung erhob sich am folgenden Morgen zu einer ungewöhnlich frühen Stunde unruhig und aufgeregt aus den Betten. Alles verkündete, dass Außergewöhnliches zu erwarten sei. Von sämtlichen Feuerstellen, die als Signalanlagen auf dem Deich gebaut worden waren, quoll dicker Rauch gen Himmel, und dumpf metallen dröhnten die Kirchenglocken Alarm über den Strand.

Wer die Parole ausgegeben hatte, dass die Kaiserlichen kämen, wusste keiner so recht genau; gemunkelt wurde jedoch von Ipke Rotfuchs.

Die Strander griffen jedenfalls zu den Waffen. Beritten, mit Gespannen und zu Fuß zogen sie zum Kirchspiel Lith, wo man die Feinde erwartete. Viel Volk hatte sich angesammelt. Auf dem Hafenplatz und am Deich wimmelte es von Menschen. Das Gedränge vergrößerte sich mit jedem Augenblick.

Dann kam der ersehnte Zeitpunkt; Männer in ihren Ausguckposten hoch oben auf dem Deich sichteten es zuerst; grauer Dunst verdeckte fast die verschwommenen Umrisse eines in Sicht befindlichen Kriegsschiffes. Es war ein mächtiges Ding, das sich wegen der Flaute nur sehr, sehr langsam dem Strand näherte. Schanze und Deich waren hier mit vielen schweren Geschützen bestückt.

Noch war nicht erkenntlich, ob es die Symbole der Kaiserlichen oder ob es die blauroten Farben des Herzogtums trug, da donnerten schon die ersten Warnschüsse; weit liefen die Detonationswellen über Meer und Insel.

Simon Hansen und Ipke Rotfuchs galoppierten bald hierund bald dorthin, trieben ihre Pferde an, setzten dadurch die

Volksmenge in Schrecken und riefen und schrien ihre Stimmen heiser und ihre Gesichter rot. Ipke Rotfuchs mit seinen krummen Beinen, die in Rohledergamaschen dünnen Pfeifenröhren glichen, ritt einen alten Wallach, der fast so alt war wie er selber.

Noch mehr Volk war eingetroffen. Das Gedränge wurde immer größer, die Spannung nahm zu. Die Strander, an sich nüchterne Köpfe, schrien laut: „Die Kaiserlichen kommen. Gebt es ihnen. Gebt es ihnen!“ Und wieder feuerten die Geschütze, dass es nur so krachte und die Luft sich vom Pulverdampf verdunkelte.

Doch das mächtige Kriegsschiff zeigte sich von diesem Attacken wenig beeindruckt; gemächlich hielt es weiter Kurs auf den Strand.

Es kam näher. Am Mast wurden die blauroten Farben des Herzogtums sichtbar und zum Zeichen des Friedens und der Freundschaft schwenkte die Besatzung weiße Tücher. Der Menge war nun klar geworden, dass es sich hier nicht um ein feindliches, sondern um ein herzogliches Schiff handelte.

Inzwischen war es auf Schussweite herangekommen. lpke Rotfuchs und Landeshauptmann Simon Hansen, die Anführer der rebellischen Strander, gaben kein Pardon. Man dürfe auf keinen Fall auf die List der Ankömmlinge hereinfallen, es könnten sehr wohl Kaiserliche auf dem Schiff sein, schrien sie laut in die Menge und gaben erneut Feuer frei.

Mittlerweile hatten die Soldaten auf dem Kriegsschiff begriffen, dass ihnen hier ein blutiger Empfang bereitet werden sollte. Unter Fluchen und Schimpfen drehte das Schiff bei und segelte wieder heimwärts.

Diejenigen, die den Strand gegen jedermann verteidigen wollten, jubelten. Diese Lektion würde sich bei allen fremden und feindlichen Völkerschaften herumsprechen und sie von Übergriffen auf den Strand abhalten.

Es gab aber auch lange Gesichter in der Volksmenge.

Was sich soeben bei Lith abgespielt hatte, war offenbar ein Aufstand gegen ihren Herrscher Herzog Friedrich, und daraus würden sich für den Strand schwerwiegende Folgen ergeben. Besonders August von Besenborstel war in eine missliche Lage geraten.

Schnell hatten die Zeiten sich geändert. Nun begann für die Strander erst die unselige Zeit des Krieges.

Die Zeit war fortgeschritten; auf der Insel waren nun doch herzogliche Soldaten einquartiert worden. Die Strander hatten das nicht verhindern können.

Das halsstarrige Volk vom Strand war mit seinem gewaltsamen Widerstand gegen das mit herzoglichen Soldaten beladene Schiff zu weit gegangen. Zornig hatte der Herzog darauf reagiert. Er werde ein weiteres Kriegsschiff mit Soldaten zum Strand schicken und diejenigen, die gegen seine Anordnungen und Befehle handelten, einkerkern und in Ketten legen lassen.

Murrend hatten die Strander des Herzogs Drohungen zur Kenntnis genommen. Die besonders freiheitsliebenden und rebellischen Leute wie Ipke Rotfuchs, Simon Hansen und Benno Numensen wollten die Einquartierung herzoglicher Truppen jedoch nicht ohne ein Zeichen der Stärke hinnehmen.

Den fremden und unliebsamen Völkerschaften, dazu zählten bei ihnen auch die Herzoglichen, sollte bei ihrer Ankunft auf dem Strand unmissverständlich klar gemacht werden, wer Herr und wer Knecht auf der Insel sei. Gerade jetzt waren die rebellischen Strander nur allzu bereit, einen Streit mit dem

Herzogtum vom Zaun zu brechen, weil dies der Idee eines freien Strandes förderlich sei. Des Herzogs Drohungen schlugen sie in den Wind.

Auf dem letzten Thing hatte der Staller mahnende Worte an die Aufsässigen gerichtet. Der Herzog habe den ehrlichen Willen, seiner Insel Verwüstungen und Schrecken des Krieges zu ersparen. Des Herzogs Geduld sei zwar groß, dennoch dürfe man ihn nicht dazu zwingen, den Strand mit Waffengewalt gefügig zu machen. Die Truppen seien daher in Freundschaft aufzunehmen.

Des Stallers Mahnungen waren vergebliche Mühen; viele Leute vom Strand wollten den Streit mit dem Herzogtum, und sie träumten nach wie vor von einem freien Strand ohne Bevormundung aus Gottorp.

Der Tag der Ankunft herzoglicher Schiffe rückte näher. Unruhe machte sich auf dem Strand breit. Als die Schiffe zur Insel unterwegs waren, sammelte sich eine große Meute von bewaffneten Leuten bei Röhrbeck. Von dort zogen sie zum Hafen Lith, wo sie die ungebetenen Soldaten empfangen wollten. Die Herzoglichen sollten diesmal nicht in die Flucht geschossen werden, doch ein wenig Waffengeklirre könne nicht schaden; man wollte ein wenig die Strander Muskeln unter den herzoglichen Nasen spielen lassen.

Als die Schiffe die Hafeneinfahrt erreicht hatten, donnerten unaufhörlich die Geschütze, die Menschenmenge schrie. Doch diesmal ließen die Herzoglichen sich nicht einschüchtern. Die Schiffe trugen – für alle erkenntlich – die herzoglichen Farben; niemand sollte sich später auf einen Irrtum berufen können.

Als die Schiffe anlegten, kam es zu heftigen Handgemengen. Die Strander ließen die herzoglichen Truppen ihre Übermacht gehörig spüren. Sie nahmen ihnen Waffen und Munition ab, nahmen etliche Fähnriche und Soldaten gefangen und sperrten sie in der Kirche zu Evensbüll ein. Der Anführer der herzoglichen Truppen, Captain Wehrkamp, wurde in Ketten gelegt und unter lautem Gejohle auf einem Vierspänner zum Stallerhof gebracht, wo sie ihn einzukerkern gedachten.

Die rebellischen Strander hatten den Staller unterschätzt. Zornig trat er ihnen entgegen und hielt ihnen offenen Bruch mit dem Herzog vor. Er bezeichnete ihre Handlungen als kurzsichtig und schädlich für den ganzen Strand. Er setzte die Gefangenen umgehend auf freien Fuß, ließ dafür einige der Anführer festnehmen und nach Gottorp abführen, wo man sie später in den Turm warf. Diese harte Strafe wirkte wie ein Schock auf viele Strander.

Der Strand hatte sich über eine lange Zeit des Krieges von fremden Heeren freihalten können. Dies war um so beachtlicher, als die Nachbarinseln Föhr und Sylt seit Anbeginn belagert gewesen waren und sich auf dem Festland fast überall feindliche Truppen aufhielten.

Die herzoglichen Truppen, erst einmal auf dem Strand gelandet, machten sich von Tag zu Tag breiter. Die Soldaten mussten Unterkunft haben, ihre Mägen gefüllt werden, und je mehr Zeit dahinging, um so herrischer führten sie sich auf. Bei den Strandern machte sich auch die Befürchtung breit, dass die herzoglichen die kaiserlichen Truppen nachholen könnten.

Der Strand bekam die volle Last des Krieges zu spüren. Der Deichbau kam fast völlig zum Erliegen. Der Staller konnte nur eine geringe Zahl von Deicharbeitern löhnen. Die Gelder aus Gottorp flossen nur spärlich, und die Reserven der Insel waren mittlerweile verbraucht.

Die auf Föhr und Sylt stationierten dänischen Truppen verfolgten misstrauisch das Geschehen auf dem Strand. Auch sie befürchteten, dass die Kaiserlichen über des Herzogs Soldaten Fuß auf dem Strand fassen könnten. Von einem Überfall auf den Strand hatten die Dänen bislang abgesehen.

Die Strander wollten weder Kaiserliche noch Königliche auf ihre Insel lassen. Sie ließen die feindlichen Heere nochmals wissen, dass bei einem Überfall alle zu den Waffen greifen werden, und dass man notfalls die Seeschleusen öffnen werde, um alle Eindringlinge mit Mann und Maus zu ersäufen.

Plötzlich und fast unbemerkt überfiel eine kleine Gruppe dänischer Soldaten einen Koog des Strandes. Und seltsamerweise leisteten die Strander keinerlei Widerstand, im Gegenteil, sie verfolgten das Ganze eher interessiert und schadenfroh; Ziel des Überfalls war nämlich der Hensebecker Koog, wo Kammerdiener Perlesticker sein Anwesen besaß.

Den königlichen Dänen war nicht verborgen geblieben, dass der Kammerdiener Perlesticker am Hof von Gottorp nicht nur gegen die Strander, sondern auch gegen sie hetzte, und dass er den Kaiserlichen besonders wohlgesonnen war. Perlesticker galt der nächtliche Besuch auf der Insel.

Die Dänen plünderten das prächtige Haus des Kammerdieners und steckten es anschließend in Brand.

Wie sich später herausstellte, hatten Leute vom Strand den Überfall sehr wohl bemerkt, jedoch keinen Alarm geschlagen. Die Dänen konnten somit ihre Verwüstung ungestört vollenden und anschließend unbehelligt wieder zurück nach Föhr segeln.

Den Strandern war dies nur allzu gelegen gekommen. Kammerdiener von Hensebeck Perlesticker war für viele das leibhaftige Übel. Seit er versuchte, den Kaiserlichen auf die Insel zu verhelfen, war das Fass zum Überlaufen voll. Sie bezichtigten ihn des Verrats.

Die Lage auf dem Strand wurde verworren. Die anfängliche Begeisterung für den Krieg war in Verdruss umgeschlagen. Es kam eine weitere Sorge hinzu; ungezählte Mäuse unterwühlten den Deich. Und aus der Ferne drang zu den besorgten Strandern unheilvolles Haffrauschen; ein Zeichen nahenden Unwetters mit gewaltigen Flutwellen. Die Mienen wurden sehr ernst.

Ose, die Zauberin und Hexe vom Strand, zog nur noch selten von Koog zu Koog. Ihre Gestalt war von Zeit und Kummer gebeugt. Kein Mensch wusste genau, wie alt sie war. Neuerdings sprach Ose von Pest und Feuer, die wie Nebel übers Land kommen werden. Danach werde das Meer Gericht über den Strand halten. Schlimme Zeiten, murmelte Ose, stünden den Menschen bevor.

Der Herbst verhielt sich ruhig. Der Winter kam mit Wind und Regen, später dann mit Eis und Schnee.

Die Nordsee hielt sich zurück, sie brandete zwar gegen die Deiche, stieg aber nicht über die Kämme. Das Meer, diese alte Hexe, raunte es im Volk, habe ein falsches Lächeln aufgesetzt. Doch eines Tages werde es Gericht, ja, Gericht über die sündhafte Insel halten.

Und dann, es war im Mai 1629, brandete tatsächlich etwas über die Deiche; der Strand wurde von 8000 Soldaten eingenommen und besetzt. Was war geschehen? Hatten die Strander ihren Widerstand aufgegeben?

Als vor zwei Jahren die kaiserlichen Heere die königlichen zurückdrängten und sich in Friesland breitmachten, sahen die Strander in den Kaiserlichen den Hauptfeind. Sie bauten daher Schanzen und Wälle und bestückten den Seedeich dort mit Geschützen, wo sie am ehesten mit Überfällen der Kaiserlichen rechneten. Diese Verteidigung bewährte sich, zumal die Leute vom Strand ständig drohten, die Insel bei einem Überfall zu überfluten und den Feind zu ersäufen.

Diese wirkungsvolle Waffe belebte den Mut der Strander und flößte den Kaiserlichen Angst und Schrecken ein. Bei den Dänen verfehlte diese Drohung ihre Wirkung, es waren nämlich die königlichen Dänen, die eines Morgens die Deiche überfluteten und den Strand besetzten. Dies geschah bei Röhrbeck, wo die Strander zuletzt mit einem Überfall gerechnet hatten. An soviel List und Bosheit hatten die Strander einfach nicht zu glauben vermocht.

Die Königlichen waren gekommen, bevor man sie überhaupt wahrgenommen hatte; zu einer Gegenwehr war es jedenfalls zu spät gewesen.

Einige bewaffnete Strander und die gesamten herzoglichen Soldaten hatten sich nach Lith zurückgezogen, wo man Widerstand leisten wollte. In aller Eile holten die Herzoglichen kaiserliche Soldaten vom Festland zur Verstärkung auf die Insel.

Jetzt war das eingetreten, wovor den meisten Strandern graute; herzogliche, königliche und kaiserliche Truppen waren auf der Insel und bestimmten das Geschehen.

Die Übermacht der Dänen war zu stark; im Handumdrehen besiegten sie ihre Gegner. Sie setzten die Kaiserlichen gefangen und jagten die Herzoglichen von der Insel.

Einige Leute vom Strand wollten lieber heute als morgen einen Eid auf den Dänenkönig schwören. Ihnen kam die Entwicklung gelegen. Es hieß dann auch, dass einige Leute die Dänen bei ihrem Überfall unterstützt hätten. Denn merkwürdig war, dass die Wachen bei Röhrbeck keinen Alarm geschlagen hatten.

Nun waren die Königlichen die Mächtigen des Strandes. Sie führten sich herrschsüchtig und wie die Besitzer der Insel auf. Den Strandern teilte man kurzentschlossen mit, sie hätten sich dem Dänentum zu beugen, und wer nicht gefügig sei, werde die Bekanntschaft mit Ketten und Kerkern machen.

Die Dänen wollten den ganzen Strand in die Knie zwingen, und ein Eid auf ihren König sollte dies endgültig und vor aller Welt besiegeln. Die dänisch gesonnenen Leute vom Strand freuten sich höllisch darüber.

Es erhob sich aber auch ein großes Murren; die Dänen wurden zum Teufel gewünscht. Leute wie Nickels Edlefsen, Hans Ingwersen wollten lieber die von den Königlichen angedrohten Strafen auf sich nehmen, als den Rücken vor dem Dänenkönig zu beugen.

Staller August von Besenborstel versuchte auszugleichen. Ein Aufbegehren gegen die Dänen würde in Chaos und Blutvergießen enden. Um Schaden vom Strand abzuhalten, sollte man sich den königlichen Befehlen beugen, unbeschadet des Eides, den der Strand auf Herzog Friedrich zu Gottorp geleistet habe.

Landeshauptmann Simon Hansen und Gefolge wollten auf keinen Fall das Joch der Dänen tragen, sie wünschten aber auch den Herzog zur Hölle. Vielleicht, so hofften sie, wurde durch die Wirren am Ende doch ein freier Strand stehen.

Wenn auch zähneknirschend, letztlich fügten sich die Leute vom Strand. Es war der 14. Mai 1629. Samt und sonders sollten sie dem neuen Herrscher huldigen. Die mächtigen Männer der Insel, mit Staller und Ratsmännern an der Spitze, mussten sich auf dem Seedeich von Gaikebüll versammeln. Von dort ging es hinaus auf das weite Vorland, um hier bei Trommelwirbel und unter dänischer Flagge den Eid auf den dänischen König abzulegen. Eine große Menschenmenge verfolgte das Geschehen; neben etlichen dänischen Heeren waren ungezählte Strander erschienen.

Von den meisten der über zwanzig Kirchen des Strandes drang Glockengeläut über die Köge zu den Menschen auf dem Vorland. Einige Priester hatten sich gesträubt, ihr Gotteshaus in den Dienst der dänischen Heere zu stellen.

Der eine und der andere Ratsmann, aber auch Leute in der Menge, bebten vor Zorn, Untertan des Dänenkönigs zu werden. Sie empfanden den ganzen Vorgang als demütigend.

Es gab aber nicht wenig Leute auf dem Strand, die das ganze nur als Dänenspuk bezeichneten. So schnell wie er gekommen sei, werde er sich wieder verflüchtigen. Und diese Leute sollten recht bekommen. Die Dänenherrschaft auf der Insel währte nicht lange. Nur zehn Tage nach dem gewaltsamen Überfall auf den Strand zogen die Dänen mit Sack und Pack von der Insel. Die Menschen vom Strand atmeten auf.

Als es dann Ende Mai in Lübeck zu einer Vereinbarung zwischen den verfeindeten Lagern kam, verließen auch die letzten fremden Soldaten den Strand. Der unglückselige Krieg war nunmehr für den Strand beendet. Das herzogliche Hoheitsrecht trat wieder voll ein.

Um diese Zeit redete niemand von einem freien Strand. Die Leute hatten andere Dinge im Kopf. Es ging jetzt darum, sich von den Wirren des Krieges zu erholen; an den Deichen lag vieles im argen, sie befanden sich durchweg in einem miserablen Zustand, und an der Erhöhung war überhaupt nicht weiter gearbeitet worden. Auch waren einige Schleusen baufällig, und die Eindeichungspläne hatten vollkommen geruht. Hinzu kam, dass die politischen und gesellschaftlichen Verhältnisse des Strandes durcheinander geraten waren.

Und es kam etwas Furchtbares hinzu, es folgten abscheuliche Monate; die Pest ging um und riss schmerzliche Lücken in die Bevölkerung. Sie verödete fast ganze Köge und löschte Familien vollständig aus. Schrecken erfüllte die Seelen und beengte die Herzen. Viele Familien des Strandes wurden von dem grausigen Geschehen getroffen.

Als das schlimmste vorüber war, atmeten die Menschen auf. Viele sprachen davon, dass sie das köstlichste aller Geschenke bekommen hätten – das Leben.

Und es stand den Strandern noch ein irdisches Strafgericht bevor. Herzog Friedrich von Gottorp hatte in einem geharnischten Brief angekündigt, die halsstarrigen und selbstherrlichen Strander, die sich während des Krieges von ihm abgesetzt und gegen seinen Willen gehandelt hatten, sollten vor ein Strafgericht, das er höchstpersönlich auf dem Strand abhalten werde. Der Strand gehöre ihm, und er dulde fortan keinen Widerspruch.

Die Leute erinnerten sich plötzlich wieder an die Drohungen des Herzogs, als die Strander sich wegen des Deichschlusses in der Rungholtbucht nicht einigen konnte. Ein Gesandter des Herzogs hatte den zerstrittenen Strandern damals gesagt: „Dem Herzog gehört diese Insel, und so wie er sie von seinen Vorfahren erhalten hat, so darf sie auch von Strandern nicht zugrunde gerichtet werden. Wird er euch bei einem solchen Versuch erwischen, so wird er alle Trotzköpfe verjagen und anderen, fremden Leuten die Insel zum Bewohnen überlassen."

Der Schreck über diese harte Ankündigung hatte den Leuten noch lange in den Knochen gesessen. Mit Bangen sahen sie dem herzoglichen Besuch entgegen.

Ein weiteres Jahr ging dahin, ein zweites, und nun waren es schon fünf Jahre, dass der Strand im Krieg verwickelt gewesen war und feindliche Soldaten die Insel belagert und gedemütigt hatten. Das Leben verlief wieder wie ehemals; je mehr Zeit hinging, desto leidenschaftlicher und unversöhnlicher verfielen die Strander dem ewigen Streit um das Deichwesen. Die nun ergrauten Kampfhähne waren durch den Krieg nicht sanftmütiger geworden, sondern noch immer verhärtet in ihren Herzen.

Zum wiederholten Mal versuchte Staller August von Besenborstel, die entzweiten und widerborstigen Strander zu einen. Vergeblich. Die Insel dieses stolzen und tüchtigen, seine Freiheit und Unabhängigkeit liebenden Friesenstammes war zum großen Teil vom Zustand der Deiche abhängig. Über Reichtum oder Niedergang entschied das Meer. August von Besenborstel hielt somit zäh an seinen Deichplänen fest.

Ratsleute wie Ipke Rotfuchs, Ocke Levsen und Benno Numensen flüsterten mit ihren geschwätzigen Zungen, dass des Stallers Pläne nur dem Herzog und dem Staller selbst, nicht aber dem Strand dienten. Die Abgaben hierfür würden so hoch sein, dass viele Strander Haus und Hof verlieren würden. Überhaupt sei die Erhöhung an der ganzen Deichlinie überflüssig, da die Insel einen eisernen Deich habe, hinter dem man ruhig schlafen könne.

So schürten sie unentwegt die Stimmung gegen den Staller und dessen Pläne. Dennoch, August von Besenborstel und weitere Befürworter hielten unbeirrt an ihren Absichten fest, und sie beschworen die Strander, den ständig steigenden Fluten mit höheren Deichen entgegenzutreten. Das Meer habe oft und unerbittlich geantwortet und gerichtet, das Meer werde wieder kommen und über den Strand richten.

Inzwischen waren wieder etliche hundert fremde Deicharbeiter auf dem Strand. Für die Löhnung musste die Insel weitgehend selbst aufkommen; die Gelder vom Herzogtum flossen nur spärlich. Wegen der Eigenmächtigkeiten und des Aufstandes während des Krieges war das Verhältnis zwischen Strand und Herzog nach wie vor getrübt.

Der Frühsommer 1634 kam. Ringsumher grünten Fennen, Vorländer und Deiche. In den Gräben stand Wasser; Schwalben hatten unter den Dachüberständen ihre Nester gebaut. Die Bauern hatten die Felder bestellt, an den Deichen wurde gearbeitet. Es war so warm geworden, dass die Weiden ihre pelzigen Kätzchen verloren hatten und verheißungsvoll zu grünen begannen. Auf den Feldern wimmelte es von Zugvögeln aller Art. Auf dem Vorland lärmten Möwen, Enten flogen auf, und Tauchenten verschwanden in den Prielen seewärts unter Wasser, als Staller August von Besenborstel auf dem Deichweg zur Pellwormharde ritt, um die Deicharbeiten vor dem Kleinen-Koog zu besichtigen, wo das Meer im letzten Winter den Deich aufgerissen hatte.

Diese Ausbesserungsarbeiten führten dazu, dass ständig Arbeiter von den anderen notwendigen Arbeiten abgezogen werden mussten. Somit verzögerten sich die Deicherhöhungen immer mehr.

Auf dem Rückweg kehrte August von Besenborstel bei Nickels Edlefsen ein. Dieser alte Ratsmann zählte immer noch zu den mächtigsten Leuten auf dem Strand; gegen seinen Willen war im Deichwesen kaum etwas zu erreichen. Die hohe Zahl der Jahre hatte zwar sein Kreuz gebeugt, nicht aber seinen eisernen Willen gebrochen. Seine Augen waren hellwach, zwischen den rötlichen Borsten saß ein energisches Kinn, sein schmaler Mund hatte einen harten Zug. Er genoss Achtung und Respekt bei den Leuten auf der Insel; mit seiner Strenge konnte er aber auch Furcht einflößen. Nickels Edlefsen, dessen Vorfahren man bis zur großen Rungholtflut von 1362 zurückverfolgen konnte, war eine der außergewöhnlichsten Persönlichkeiten auf dem Strand.

Zwischen ihm und dem Staller hatte sich im Lauf vieler Jahre – trotz unterschiedlicher Auffassung in vielen Dingen – ein besonderes Verhältnis entwickelt, das von gegenseitiger Achtung getragen wurde. August von Besenborstel schätzte diesen alten Ratsmann.

In einer Sache wurden beide sich jedoch niemals einig: die Fremden. Der Staller, der weiter fremde Deicher auf die Insel holen wollte, sprach eindringlich auf den alten Ratsmann ein. Der Strand brauche die Fremden, um das Deichwerk, um die Erhöhung an der ganzen Linie zu vollenden. Vorerst seien zusätzlich fünfhundert Arbeiter erforderlich, und der Staller bat den Ratsmann, ihn dabei zu unterstützen.

Er wisse, so Ratsmann Nickels Edlefesen, dass der Staller aus ehrenwerten Überlegungen handle, wenn es um das Deichwesen des Strandes gehe, dennoch werde er nicht zustimmen. Der alte Ratsmann sprach nicht fein wie ein Herr, sondern barsch mit einer rauen Stimme. Sitten und Gebräuche seien in den letzten Jahren durch fremde Menschen verdorben worden. Nicht die Fluten, sondern die Fremden gefährdeten den Strand in seinem Kern. Das Inselleben solle heute und immerfort wie Generationen zuvor verlaufen. Nichts auf dieser Welt dürfe daran etwas ändern.

„Je mehr Fremde, um so größer die Gefahr für das Wesen des Strandes“, beschwor Nickels Edlefsen August von Besenborstel und bat ihn, von seinem Vorhaben Abstand zu nehmen. „Nie und nimmer werde ich dazu beitragen", sagte der alte Mann verächtlich, „dem fremden Gesindel des Strandes Tür und Tor zu öffnen."

Auch heute kamen die beiden Männer sich in dieser Sache nicht näher. Man ließ das Thema ruhen. Schnell waren beide sich einig, als es darum ging, Herzog Friedrich um weitere Unterstützung im Deichbau zu bitten, obwohl sie die Aussicht auf einen Erfolg nur gering einschätzten. Das Herzogtum hatte noch an den Folgen des Krieges zu tragen. Entscheidend kam hinzu, dass das Verhältnis zwischen Herzog und Strand nach wie vor sehr kühl war.

Einst hatte der Herzog die Insel Strand als seinen schönsten Schmuck in der Krone bezeichnet. Als die Strander sich während des Krieges gegen ihn auflehnten und die Unabhängigkeit forderten, hatte der Herzog nach einem Besuch auf dem Strand die Insel verflucht und den aufsässigen Insulanern zugerufen: „Möge die Insel so tief unter Wasser versinken, wie sie sich jetzt darüber erhebet."

Der Strand war wegen seiner Eigenmächtigkeiten in des Herzogs Ungnade gefallen. Staller, Ratsmänner und andere einflussreiche Leute hatten sich in arger Bedrängnis befunden, als der hochwohlgeborene Herzog im September 1629 auf die Insel gekommen war, um ein Strafgericht über sie abzuhalten.

In der Tat, die Leute vom Strand hatten schlechte Karten gehabt, sie hatten ein herzogliches Schiff in die Flucht geschossen, herzogliche Heere gefangengenommen, die Abtrennung vom Herzogtum gefordert und sich für einen freien Strand ausgesprochen. Um das Sündenregister vollends aufzufüllen, hatten sie auch noch einen Eid auf den Dänenkönig geleistet.

Und für all das sollten die Strander zur Rechenschaft gezogen werden. Verständlich, dass sie des Herzogs Besuch mit sehr gemischten Gefühlen entgegensahen.

Die Zeit des Strafgerichts kam näher. Als der Herzog mit seinem Hofstaat unterwegs war, bereiteten die Strander einen aufwendigen Empfang vor; nichts wurde unterlassen, den Herrscher möglichst nachsichtig zu stimmen. Der Hafen bei Lith zeigte sich in den Farben des Herzogtums. Ein unübersehbares Meer von Fahnen und Blumen kündigte den zeremoniellen Empfang an, auch war ein ganzes Heer von Musikanten aufmarschiert. Doch eine Volksfeststimmung wollte nicht so recht aufkommen.

Den Staller, die Ratsleute und andere mächtige Männer des Strandes, die auf dem Hafenplatz Aufstellung genommen hatten, beschlich ein unheimliches Gefühl, als sich das mächtige Kriegsschiff für seinen hoheitlichen Besuch der Hafeneinfahrt näherte. Ihnen fielen ihre Sünden ein, deren sie viele auf dem Gewissen hatten. Einige wenige bereuten tief, andere verfluchten innerlich das Schiff samt Besatzung und Besuch und wünschten alle zum Teufel.

Ringsumher wimmelte es von Menschen, die aus sämtlichen Kögen hierhergekommen waren. Sie alle wollten das Schauspiel nicht versäumen. Es war ihnen nicht verborgen geblieben, dass der Herzog über die Mächtigen des Strandes ein Strafgericht abhalten wollte.

Das Schiff glitt in den Hafen und legte an. Staller und Ratsmänner auf dem Hafenplatz nahmen ihre Hüte ab und knieten hin; tief beugten die mächtigen Männer vom Strand das Kreuz.

Herzog und Hofstaat beobachteten das Geschehen eher kühl und abweisend, und ganz bewusst verließen sie das Schiff nur zögernd. Niemand wagte es, sich aufzurichten; sie verneigten sich mit dem Antlitz bis zum Boden. Das Volk vom Strand, immer mehr war gekommen, sah einerseits belustigt, teils aber auch betroffen, wie die sonst so selbstherrlichen und stolzen Männer vor aller Augen Knie und Kreuz vor einem irdischen Herrscher beugten.

Bei Gott, schwor sich Ipke Rotfuchs, mit vor Zorn gerötetem Gesicht und mit gebeugtem Kreuz, die Stunde werde schlagen, in der man dem Herzog und seinem hochnäsigen Gefolge diese Schmach heimzahlen werde. Er wünschte ihnen die Pest an den Hals. Man hätte, dachte er voll Grimm, das verdammte Schiff auf Grund und Boden schießen sollen.

Die Ratsmänner knieten immer noch vor dem Herzog. Nickels Edlefsen und Benno Numensen waren in Ohnmacht gefallen und mussten vom Platz getragen werden.

Endlich, endlich gab Herzog Friedrich den Gedemütigten ein Zeichen, sich zu erheben. Einigen musste auf die Beine geholfen werden. Die mächtigen Männer des Strandes gaben ein jämmerliches Bild ab.

Als der Staller zu einer Begrüßungsrede ansetzen wollte, unterbrach Canzler Heydemann ihn barsch, man wolle sogleich zum Stallerhof.

Zum Hofstaat gehörte auch Kammerdiener Perlesticker. Anmaßend warf er verächtliche Blicke auf die Strander. Diese waren überzeugt, dass Perlestickers böse Zunge am Hof von Gottorp Übles über sie verbreitet hatte.

Im Gerichtssaal des Stallerhofes saßen Staller und Ratsmänner, die sonst über andere richteten, auf der Anklagebank.

Canzler Heydemann trug mit scharfer Betonung das Strafregister vor, es fehlte nicht das kleinste Vergehen. Anscheinend hatte Perlesticker ganze Arbeit geleistet.

August von Besenborstel wurde vom Herzog aufgefordert, zu erklären, was den Strand zu seinem Widerstand gegen ihn bewogen habe, und was er und die Ratsmänner zu ihrer Rechtfertigung zu sagen hätten.

Dem Staller war die Schwere der Anklage bewusst. In seiner Antwort ließ er nichts aus und beschönigte nichts. Der Thing und er hätten viele Handlungen auf eigene Verantwortung durchgeführt, und er verhehle nicht, dass es dabei Irrungen und Wirrungen gegeben habe. Aber alle Taten seien in ehrenvoller Absicht geschehen, den Strand in seiner Eigenart zu bewahren und den Wohlstand zu mehren. Die Hoheitsrechte habe der Strand sich nur deswegen genommen, um die feindlichen und fremden Völkerschaften, die auf dem Festland geplündert, gemordet und gebrandschatzt hätten, von der eigenen Insel fernzuhalten. Abschließend bat Staller August von Besenborstel um ein mildes Urteil für die Strander und für sich.

So war der erste Tag verlaufen. Am zweiten sprach der Herzog das Urteil. Er nehme den Strandern ab, dass sie zum Eid auf den Dänenkönig gezwungen worden seien. Den Widerstand gegen seine eigenen Truppen sowie andere Verstöße gegen das herzogliche Hoheitsrecht wolle er diesmal noch als Irrungen werten. Er werde daher Gnade vor Recht walten lassen.

Noch am selben Tag leisteten die Strander erneut den Eid auf den Herzog. Ja, die Strander waren glimpflich weggekommen; ihr Sündenregister war beträchtlich gewesen. Und sie zeigten sich zufrieden über das Urteil. Das Volk vom Strand begrüßte und feierte die Versöhnung, man wollte endlich wieder Frieden mit seinem Herzog.

Anders Landeshauptmann Simon Hansen, Ipke Rotfuchs und Benno Numensen, sie waren gegen eine Versöhnung. Sie sprachen weiterhin von einem freien Strand. Doch sie fanden kaum noch Gehör bei den Leuten.

Kammerdiener Perlesticker, der unentwegt gegen die Strander gehetzt hatte, sah sich um seine Mühen gebracht. Ihm konnte man Verbitterung und Hass darüber von seinem spitzen Gesicht ablesen.

In den folgenden Jahren war alles seinen gewohnten Gang auf der Insel gegangen. Die Leute hatten ihre Felder bestellt und wieder abgeerntet, an den Deichen die notwendigen Arbeiten verrichtet. Und selbstverständlich hatten die Strander mächtig und verbissen über das Deichwesen gestritten.

Dann war im August 1631 etwas geschehen, was die Strander in Aufruhr versetzte. Der jähzornige Hans Andersen hatte mit seinem Dolch einen Überfall auf Staller August von Besenborstel verübt. Doch durch das beherzte Eingreifen eines Knechtes auf dem Stallerhof war Schlimmes verhütet worden.

Auf der Insel waren Handgreiflichkeiten und Messerstechereien nichts Außergewöhnliches, doch den Anschlag auf den Staller verurteilten die Leute ausnahmslos, immerhin war er der erste Mann auf der Insel und eine vom Herzog eingesetzte Person.

August von Besenborstel und der Thing übten über Hans Andersen nicht selbst Gericht aus. Der Staller ließ ihn nach Gottorp abführen, wo man ihn im Turm einkerkerte. Was aber dann geschah, hatte nicht in seiner Absicht gelegen; Hans Andersen bekam nach acht Monaten Haft die härteste aller Strafen – er wurde hingerichtet.

Der Staller hatte mehrfach um Gnade für Hans Andersen gebeten. Erfolglos. Der Herzog hatte sich unnachgiebig gezeigt und das Todesurteil vollstrecken lassen.

Das Volk vom Strand geriet darüber in Aufruhr und machte August von Besenborstel für den Tod von Hans Andersen verantwortlich. Er hätte den Beschuldigten nicht nach Gottorp abführen dürfen, hieß es zornig auf dem Strand.

So gingen die Jahre dahin. Was aber blieb, war der Groll auf August von Besenborstel wegen Hans Andersens Hinrichtung. Ansonsten störte nichts die Zufriedenheit der Strander. Mit voller Erwartung ging es in den Sommer 1634; es schien ein gutes Erntejahr zu werden. Plötzlich jedoch flüsterten Zungen Unheimliches und Besorgniserregendes; auf dem Festland war aus frischem Brot dickes Blut geronnen. Viele Leute deuteten dies als ein böses Vorzeichen.

Zauberin Ose von der Balumer Bucht begann mit großer Zungenfertigkeit zu erzählen: Dem geronnenen Blut werde bald Regen mit Blut und Gift folgen. Gleichsam erinnerte sie an ein Geschehen, das vor Jahrzehnten viele Menschen in Angst und Schrecken versetzt hatte.

Damals hatte es bei Husum und auf der Insel Strand tagelang Blut geregnet, und noch im selben Jahr war eine grausame Pest über die Menschen gekommen. Diesmal, so wusste Ose in ihrer beredten Weise zu erzählen, werde weder Pest noch Krieg ausbrechen, sondern eine Sintflut über die Menschen hereinbrechen und dabei den ganzen Strand auslöschen. Ja, nach der Vorhersehung dunkler Mächte würde die Insel untergehen. Die uralte Ose sprach von Himmelserscheinungen, die des Nachts Zeichen des Untergangs kündeten.

Die abergläubischen Leute vom Strand bekreuzigten sich und wisperten vom Teufelswerk. Andere Leute bezeichneten das Ganze als Spökenkiekerei und leeres Gerede und meinten, es gebe keine Hexerei und Vorahnung – nur in der Einbildung. Dennoch, die Strander redeten sich die Köpfe heiß, als ob der Teufel sie ritt.

Das Gerede über Vorzeichen der großen Katastrophe wollte und wollte kein Ende nehmen und Außergewöhnliches bekam den Charakter des Geheimnisvollen, des Unheilvollen.

In der Tat, es geschahen merkwürdige Dinge. Im Monat Mai waren etliche Rudel Wild von der Geest durch das Wattenmeer auf die Insel gekommen. Kein Mensch hatte je ähnliches erlebt. Diese fremdartigen Tiere nahmen Revier im wüsten Moor. Dass das Wild diese gottverlassene Gegend wählte, war für die Leute ein weiteres Zeichen einer bösen Zukunft.

Als es in den Juni hineinging, waren in Röhrbeck, Morsum und Gaikebüll plötzlich Rinder rasend geworden, ins Wattenmeer hinausgerannt und dort in der auflaufenden Flut ertrunken. Bei Heverdamm wollten Leute ein furchterregendes Tier gesehen haben, sie sprachen von einem Meeresungeheuer. In der Rungholtbucht war ein ganzer Schwarm seltener Seevögel tot vom Himmel gefallen. Im Trendermarschkoog waren Aale, dick und schnell wie Schlangen, über Acker gewandert, und in Stintebüll hatte eine Henne mehrfach drei aneinander gewachsene Eier gelegt.

Die Leute erzählten Geschichten, eine sonderlicher als die andere, die sich verbreiteten wie ein Lauffeuer.

Zu diesem Zeitpunkt geschah etwas, das ihre Überzeugung bestätigte. Das vor dreihundert Jahren im Meer versunkene Rungholt war plötzlich wieder aus dem Meer aufgetaucht;

greifbar nahe hatte man es an einem schönen Tag in der Luft gesehen.

Ja, dies sei unabwendbar ein Fingerzeig Gottes, dass es mit dem Strand zu Ende gehe, raunte es im Volk.

Doch diesmal waren es nicht nur Spökekieker und Ose mit ihrer losen Zunge, die sonderliche Geschichten erzählten. Auch besonnene Leute sprachen plötzlich von einer unheilvollen Flut, die den ganzen Strand und alles, was auf ihm lebe, verschlingen könne.

Des Herzogs Verordnung und des Stallers Pläne, den Deich an der ganzen Linie zu erhöhen, begann man mit anderen Augen zu sehen.

Und es schien tatsächlich so, als ob die Strander sich endlich im Deichwesen einigen wollten. Sogar Leute wie Ipke Rotfuchs, Hans Ingwersen und Ocke Levsen sprachen von Einigkeit. Den Streit um Geld und Deichwesen solle man begraben und Streitigkeiten mit Messern und Fäusten sollten der Vergangenheit angehören.

Die Insel sei ein Ganzes, hieß es in sämtlichen Ķögen. Wenn die Flut sich durch die seewärts gelegenen Köge fresse, drohe auch den anderen Gefahr. Also müssten alle gleichermaßen Deichabgaben entrichten.

Staller August von Besenborstel und die Befürworter der Erhöhung und Verstärkung an der ganzen Deichlinie schöpften wieder einmal Hoffnung. Dennoch waren sie von Zweifeln nicht ganz frei. Und siehe, als der Thing über gleich hohe Deichabgaben für alle Köge befinden wollte, scherten die binnenlands gelegenen Köge wieder aus. Der Streit begann von neuem; das Landgeld sei hoch genug, und im übrigen hätten die Deiche seit Generationen der Flut getrotzt. Somit blieb wie immer alles beim alten.

Auf der Insel hatte es heftigen Streit zwischen Ipke Rotfuchs und Backe Andresen gegeben. Beide besaßen Nutzungsrechte im Vorland und sie gewannen dort große Mengen Meersalz.

Ipke Rotfuchs hatte, wie Backe Andresen zornig erzählte, bei Nacht und Nebel die Grenzsteine zwischen ihren Ländereien neu gesetzt, natürlich zugunsten von Ipke Rotfuchs. Er werde die Bösartigkeiten und Betrügereien vor den Thing bringen und dem Rotfuchs das Wildern in fremden Revieren verleiden.

Ipke Rotfuchs, geübt im Bösen, hatte für Backe Andresen nur Spott übrig; die Salzsiederei sei rechtlich eine windige Sache, und wer weiterhin in aller Öffentlichkeit so dumm daherrede, schade sich nur selbst.

Es bestand nämlich eine Verordnung, die das Torfgraben zwecks Salzgewinnung untersagte. Die Landoberfläche wurde durch den Abbau um etliche Fuß tiefer gelegt, und dies erhöhte sogleich die Gefahr bei Überflutungen.

Viele Friesen scherten sich nicht darum. Das Meersalz war ein interessantes Handelsprodukt. Und Ipke Rotfuchs und Backe Andresen gehörten zu den Leuten, die ihr Dasein durch die Salzgewinnung ein wenig vergolden wollten. Da nahmen sie einen solchen Streit schon mal gern in Kauf. Die Leute vom Strand beobachteten belustigt die beiden Streithähne; sollten die sich ruhig die Köpfe einschlagen.

Die Gewinnung sah so aus: Unter dem Halligboden saß eine mächtige Torfschicht. Der vom Halligboden freigelegte Torf wurde getrocknet und verbrannt, die Asche ausgelaugt. Der Rest war dann Salz. Die Arbeit war äußerst mühsam. Die Strander selbst verrichteten diese Arbeiten kaum, dies taten Fremde für sie.

Jenseits des Westerwolder Kirchspiels wohnten die Salzsieder in dürftigen Hütten hinter dem Seedeich und auf einer Warft im Vorland. Es war ein bunt zusammengewürfeltes Volk, aus allen Himmelsrichtungen kommend. Sie lebten von der Hand in den Mund. Es ging dort draußen in der Verlassenheit des Vorlandes und den engen Hütten so wenig geheuer zu, dass kein Mensch den Aufenthalt sehr lange ertrug. Dennoch fanden sich immer wieder Fremde dort ein, diese schwere Arbeit zu verrichten. Streng achteten die Ratsmänner des Strandes darauf, dass diese sich nicht mit den Insulanern vermengten; sie wollten nur ihre Arbeitskraft.

Es folgten nun Wochen, in denen das Meer sich ruhig verhielt; Ebbe und Flut überspülten zweimal täglich das Watt und gaben es wieder frei. Es stieg zu dieser Zeit kein Laut, kein Haffrauschen aus der gemächlichen Flut auf; als ob der Blanke Hans sich schlafen gelegt hatte. Und allmählich verstummte das Gemunkel über die Flut, die wie ein gieriger Magen alles in sich hineinfressen würde.

Die guten Vorsätze, vereint den gesamten Deich zu erhöhen, schienen in Vergessenheit zu geraten. Mahnende Stimmen wurden als Geschwätz abgetan. Und so ging die Zeit dahin.

1634. Es war ein fruchtbarer und schwüler Sommer mit heftigen Gewittern. Der Himmel öffnete oft seine Schleusen und feuchtete die dürre Erde. Doch nie währte das Unwetter lange, und schon lag die Insel wieder in vollem Sonnenschein. Kraftstrotzend wiegte sich das Korn im sachten Wind, und auf Weiden und Deichen grasten Rinder und Schafe so groß und fett wie kein Jahr zuvor.

Dem Strand stand eine prächtige Ernte bevor. Das Volk lebte sorglos dahin.

Man hatte in dieser Zeit einige wichtige Werke vollbracht: Bei Heverdamm war ein Deichabschnitt erhöht worden, vor Pellworm ein Deichschluss gelungen, Volgbüll und Hamm hatten neue Schleusen bekommen und über dem Balumer Siel führte eine neue Brücke. Die Strander waren stolz auf ihre Arbeit, und sie sahen darin Grund zum Feiern und Fröhlichsein.

Die Strander Friesen hielten mit Zähigkeit an überlieferten Rechten und Gebräuchen fest; war ein Werk vollbracht, so wurde es geweiht und gefeiert. So auch diesmal. An langen Tischen in Scheunen und an Buden wurde geschmaust, Bier und Wein gab es in Mengen. Tagelang wurde getanzt, gesungen und diskutiert. Es war eine ausgelassene Gesellschaft, unter das sich auch viel fremdes Volk gemischt hatte.

Von Koog zu Koog zogen die jungen Leute, machten Wettkampfspiele mit ihren Pferden, maßen ihre Kräfte und Wendigkeit im Grabenspringen und Weitwurf. Einige Tage hielt das Treiben an. Es kam auch zu Handgreiflichkeiten und Messerstechereien; so manch ein Hitzkopf fand sich dann hinter Schloss und Riegel wieder.

Besorgt und missmutig beobachteten die Pastoren das Treiben der Strander. Und in ihren Predigten sparten sie nicht mit mahnenden und anklagenden Worten an die Strander, die der Teufel zur Völlerei, sündhaftem Treiben, Gewinnsucht und Halsstarrigkeit verführt habe.

Die Prediger sprachen vom Tag des Jüngsten Gerichts. Doppelte Sonnen und blutrote Himmelserscheinungen kündeten von Gottes Gericht. Sie forderten zur Buße und Umkehr auf. Die streitsüchtigen Strander sollten endgültig die Kraft des Friedens und des Miteinanders entdecken, sonst werde jeder im höllischen Fegefeuer gesengt und vom Meer des Todes ersäuft.

Die Prediger erreichten mit ihren Mahnungen das Ohr, nicht die Herzen der Menschen. Gewiss, einige wenige bereuten tief und wollten fortan dem sündhaften Lebenswandel abschwören, doch vielen waren die Worte nur übliche Strafpredigten, die, wie sie flüsterten, zu den Predigern gehörten, wie Ebbe und Flut zum Wattenmeer.

Nein, von ihrem gewohnten Lebenswandel, von den ungeschriebenen Gesetzen, die man vom Vater und der wiederum von seinem Vater übernommen hatte, wollte man nicht abweichen; alles sollte seinen gewohnten Gang laufen, heute und in allen Zeiten.

Das Wetter im Herbst war sommerlich warm, so dass die Bäume von neuem zu blühen begannen. Die Ernte brachte volle Scheuer und Fässer; von Tag zu Tag füllten sie sich mehr. Der Strand lebte anscheinend sorglos und im Überfluss. Weit lagen die Schrecken des Krieges zurück. Das Meer hielt sich seit Monaten ruhig; es zeigte ein friedliches Antlitz. Zuversichtlich sah das Volk dem kommenden Winter entgegen.

Es war ein außergewöhnlich schwüler Tag im Oktober 1634. Staller August von Besenborstel saß auf dem Stallerhof im Pesel tief über einen Haufen von Papieren gebeugt; es waren Pläne für eine Eindeichung in der Rungholtbucht. Erarbeitet waren sie vom Deichbaumeister Johann Berend aus Friedrichstadt.

Diese gigantische Bedeichung würde die gesamte Wattenmeer-Rungholtbucht dem Meer entreißen, sie wieder zu einem Teil des Strandes machen und einen gefährlichen Stau bei Sturmfluten abbauen.

Im Wechsel der Veränderung, so überlegte August von Besenborstel, lag die Beständigkeit dieser eigenartigen und einzigartigen Landschaft. Sorgen bereiteten dem Staller der immer noch in der Ferne liegende Baubeginn sowie der schleppende Fortgang der Deicherhöhungen um den Strand.

Noch sträubten sich die meisten Ratsmänner im Thing – sie scheuten die Lasten, die auf ihre Höfe zukommen würden. Auch Herzog Friedrich verhielt sich zurückhaltend. Er hatte lediglich Deichbaumeister Berend mit den Vorarbeiten der Planung beauftragt. Den Staller plagte Ungeduld, die von Verdrießlichkeit nicht fern war, und manches graue Haar würde ihm noch wachsen.

Es begann zu dämmern. Der Abend war von seltsamer Unruhe. August von Besenborstel verließ seinen Hof und ritt zum Deich vor Gaikebüll. Er stellte sich auf des Deiches Krone und hörte das Plätschern der Flut. Die grau-schwarze Wasserfläche bewegte sich rhythmisch, und der Himmel über ihr hatte fast die gleiche Färbung angenommen, nur ein wenig lichter.

Meer und Himmel schufen so einen trüben Hintergrund. Nur im Norden hoben sich rotbraune Streifen von düsteren Wolken ab, und in kurzen Abständen flammte schwaches Wetterleuchten auf. Dem Staller schauderte, obwohl die Luft drückend und schwül war. Ihn beschlich ein unheimliches Gefühl; das Wetter schien sehr nahe dran zu sein, das Wüten eines Sturmes zu entfesseln. Als August von Besenborstel den Stallerhof wieder erreicht hatte, war es rabenfinster, und die Wolken hingen ganz tief. Die Nacht verstrich, doch er schlief nicht ein.

Blutrot stieg am nächsten Morgen, es war der 11. Oktober 1634, die Sonne am Himmel auf; und einen Augenblick stand sie wie ein Feuerball am Horizont und tränkte den Strand in Farben von Purpur.

Vormittags setzte wimmernd und seufzend der Südwind ein. Zunächst vorsichtig. Aber bald steigerte er sich heulend zu einem johlenden Höllenkonzert. Vom Wattenmeer zogen rasch blauschwarze Wolken auf. Gegen Mittag entlud sich ein Gewitter so heftig, als ob der Himmel aus seinen Fugen geraten war. Der Sturm nahm an Stärke zu, er fegte tiefhängende Wolken und Regen ungestüm über den Strand. Aus der Ferne drangen dumpfe Wassergeräusche, ein furchterregendes Haffrauschen und unheilverkündende Wetterzeichen.

Doch noch ahnte man nichts vom Unheil, das alle bedrohte. Die Strander wiegten sich hinter dem eisernen Deich, wie sie ihr Bollwerk gegen die Flut nannten, sicher und geschützt.

Am Nachmittag wurde der Sturm noch heftiger. Der Wind drehte auf Südwest. Hagel und Regen jagten hintereinander her, und das Meer stampfte gewaltig. Aus dem dunklen Himmel irrten Blitze über Deich, Koog und Insel. Und mit der Dämmerung wuchs der Sturm noch mächtiger an. Grau und schäumend tobten Wassermassen um die Insel.

Um diese Stunde beschlich die Menschen vom Strand zuerst ein merkwürdiges, dann ein verängstigendes, ein furchtbares Gefühl. Was würde die lange, dunkle Nacht bringen? Und plötzlich fielen ihnen die vielen und schaurigen Geschichten über das gefräßige Meer und den Untergang der Insel Strand wieder ein. Große Furcht befiel die Menschen.

Allmählich wurde es dunkel, dass man auch die nächste Umgebung nicht mehr zu unterscheiden vermochte. Die Stunde tiefer Finsternis über dem Meer, das mit seinen unheimlichen Lauten näher und näher zu rücken schien, dehnte sich für die Strander zu einer Ewigkeit aus. Alle Ängste erwachten und drohten, ihre gewohnte Sicherheit und Ruhe zu überwältigen. Es war, als ob die Flut ihre sämtlichen Ungeheuer nach dem Strand aussende. Der Wind wurde noch stärker und sprang um nach Nord. Dies bedeutete höchste Gefahr.

Um diese Stunde kämpften sich die Männer, die als Deichwachen eingeteilt waren, durch Finsternis, heulenden Sturm und peitschenden Regen über die Insel zu den Deichen. An den Abschnitten, wo Stau und Brandung am gefährlichsten wüteten, waren Arbeiter mit Bohlen, Kleie und Handwerkszeug aufgestellt, um Löcher im angeschlagenen Deich zu stopfen.

Doch der Wind blies so ungeheuer, dass sich kaum ein Mensch auf dem Deich halten konnte. Vor ihnen erhoben sich Wellengebirge, tobten ihnen wie Gigariten aus dem Dunkel mit lautem Getöse entgegen. Die Leute standen Todesängste aus. Winzig nahm sich ihr Menschenwerk in diesem Augenblick aus. Jeder Wellenberg türmte sich höher empor als der Deich. Jeder brauste heran, als wolle er alles verschlingen.

Die ersten Brecher schlugen über die Deichkrone und stürzten gurgelnd und schäumend in den Koog. Ebenso entsetzlich wie die Wellen war der Wind; so stark, dass manche Bö Wasserhosen vom Meer hochriss, sie durch die Luft wirbelte und die verschreckten Menschen in der Gischt verschwinden ließ.

Nach den Regeln von Ebbe und Flut sollte das Meer erst in einigen Stunden den höchsten Stand erreichen, doch schon jetzt war es bis zur Krone des Deiches gestiegen und ergoss sich stellenweise in die Insel. Die meisten Männer, die als Deichwachen eingeteilt waren, verließen fluchtartig den Deich; sie wollten zurück zu den Ihrigen, bevor das Meer die Köge überflutete und ihnen den Rückweg abschnitt.

Donnerschlag folgte auf Donnerschlag. Sturm, Meer und Getöse hatten sich vermählt. Es war fürchterlich, grausig. Der Strand lag im Hexenkessel unbändiger Naturgewalten, in einem Meer zügelloser Wut.

Die Blitze steigerten das namenlose Entsetzen; das waren nicht die Blitze, die man sonst erlebte – riesiges Licht ergoss sich aus hässlich schwarzem Himmel, als habe Gott alle Lampen angezündet, die brannten und dann vom Wind ausgeblasen wurden.

Fast Schlag auf Schlag setzten Blitze Häuser, Scheunen, Korndielen und Heuhaufen in Brand. Und dort, wo die Bewohner in ihren Häusern nicht rechtzeitig das offene Herdfeuer gelöscht hatten, entfachte der unerbittliche Wind, der durch Schornsteine, zerschlagene Fenster und Türen fegte, die Glut zu loderndem Feuer, das urplötzlich alles in ein Flammenmeer verwandelte.

Auf vielen Mitteldeichen gingen ganze Häuserreihen, die in Windrichtung standen und wo die Funken von einem zum anderen Reetdach stoben, in Flammen auf. Wie lichterlohe Sturmfackeln schienen die brennenden Häuser durch die pechschwarze Nacht; ein gespenstisches Bild, das den Schrecken noch steigerte.

Wütend und heulend stieß der Wind durch Äste und Wipfel der Bäume, viele wurden entwurzelt und zerschlagen. Der Sturm drückte Mauern ein, deckte Dächer ab und zerschlug Fenster und Türen. Nichts hielt dem Ansturm stand. Ganze Familien standen plötzlich schutzlos im Freien.

Die Menschen vom Strand warteten, ohnmächtig und verloren. Sie waren dem erbarmungslosen Sturm in finsterer Nacht ausgeliefert, zur Handlungsunfähigkeit verurteilt. Ihnen blieb nur quälend ohnmächtiges Hoffen. Den Strandern wurde gegenwärtig, dass ihr Schicksal endgültig nicht mehr in ihrer Hand lag.

Und seht, in dieser Stunde flehten gar Leute mit selbstgefälligem Herzen, dass Gott ihnen das Leben erhalten möge. Ja, auch Ipke Rotfuchs gehörte zu ihnen; dabei hatte er zeitlebens den bösen Götzen „Rette dich selbst" genährt. Klein und hilflos war der Mensch in dieser Stunde.

Das Jüngste Gericht, von dem die Prediger der Insel gesprochen und den Bewohnern des Strandes wegen ihres sündhaften Lebenswandels prophezeit hatten, war angebrochen. Gnadenlos. Und es machte keinen Unterschied zwischen Strandern und Fremden, zwischen arm und reich, jung und alt. Das Strafgericht traf den ganzen Strand mit allem, was auf ihm lebte. Es schien, als ob Gott mit dem Strand ein Ende machen, dass er alles ersäufen und alles zerstören wollte.

Einige Stunden vor Mitternacht wurde auf dem Stallerhof der erste Deichbruch gemeldet; der Seedeich vor Stintebüll in der Rungholtbucht hatte nachgegeben, er war buchstäblich dem Erboden gleichgemacht worden. Mit einer schmutzigen Flutwelle war das Meer über das Land dahin gefegt, hatte alles erstickt und sämtliches Leben erloschen. Das Sterben dieses seit Jahrzehnten gequälten Kooges währte nicht lange und war nun endgültig.

Um diese Stunde drohte der Deich vor mehreren Högen zu brechen. Gewaltige Brecher schlugen über die Krone. Der ganze Strand war in Gefahr, unabwendbares Unheil nahte. Die Flut stieg unvermindert, und der Wind, Regen und Gischt vor sich hertreibend, raste indessen mit wildem Ungestüm über die Insel.

Trecks von Menschen mit kläglichem Hab und Gut versuchten, sich durch die rabenschwarze Nacht zu schlagen. Sie flohen vor der Flut und wollten retten, was zu retten war. Sie strebten binnenlands, höhergelegenen Warften, Kirchen und Mitteldeichen zu.

Ziel vieler Flüchtenden war das hohe und wüste Moor inmitten der Insel. Die Strander hatten das Moorgebiet stets verflucht und als einen Schandfleck ihrer schönen Insel bezeichnet. Doch in der Stunde höchster Not bot das hohe Moor Hunderten von Menschen Schutz vor der wütenden Flut.

Die meisten Menschen jedoch, die in dieser Nacht auf der Flucht waren, erreichten ihr Ziel nicht; durch Sturm und Finsternis war kaum ein Durchkommen; das hereinbrechende Meer holte sie ein und brachte ihnen den kalten Tod.

In der Balumer Bucht, wo Ose, die Zauberin und Hexe des Strandes in einer kleinen Kate wohnte, war der Deich gleich an zwei Stellen durchbrochen. Mit Urgewalt schoss die Flut in den Koog und riss alles nieder und rannte mit voller Wucht gegen die Mitteldeiche der angrenzenden Köge. Diese hielten dem Ansturm nicht stand. Das Wasser ergoss sich nun auch in die binnenlands gelegenen Köge. Noch gab das Häuschen von Ose nicht nach. Doch unaufhaltsam schlugen die rollenden Wellen gegen das Mauerwerk; das Dach hob und senkte sich wie in schweren Atemzügen.

Heute, so dachte die alte Ose, die lebtags vorausgesagt hatte, dass eines Tages die ganze Insel die Reise in die Ewigkeit antreten werde, heute war der Tag gekommen. Der Strand und alles Leben werde ausgelöscht; die Ewigkeit sei angebrochen. Zusammengekauert, den schwarzen Umhang eng um ihren dürren und schmächtigen Körper geschlungen, harrte Ose auf dem Dachboden aus.

Eine schwere, ungeheure See, eine Riesenwoge, näherte sich mit wachsendem Brausen dem kleinen Haus; sie schleuderte

Ose, Dachsparren, Türen und Hausrat wie Gerümpel durcheinander. Einige Sekunden schwebte Ose über der Flut, dann fiel sie. Der alten Frau streckte sich die nasse Hand des Todes entgegen. Die Wasser schlugen brausend über ihr zusammen, sie wurde in die brodelnde Tiefe hinab gerissen – dorthin, wo man alle Dinge mit demselben Namen rufen kann; es war die Qual des Ertrinkens.

Um diese Zeit fraß sich das Meer durch den Deich bei Imminghusen, Westerwold und Volgsbüll. In wildem Ungestüm brauste es dahin und riss alles darnieder. Das Wasser raste gegen Warften, Häuser und Mitteldeiche. Es wühlte Strudel und schwoll zu Bergen. Lediglich die Menschen, die Kirchen und andere höhergelegene Bauten erreicht hatten, waren halbwegs vor der unbändigen Flut sicher, alle anderen erlitten den nassen Tod. Im aufgewühlten Wasser schwammen Trümmer inmitten verzweifelt paddelnder und gellend schreiender Gestalten. Grauenhaft.

Die Flut hatte die Warft von Ipke Rotfuchs erreicht. Wahrlich, das Grauen und der Tod kam dem Mann näher, der zeitlebens in seinem Herzen kaum Platz für andere Menschen gehabt hatte. Der immer alle Bemühungen um ein einiges Deichwesen bekämpft hatte – auf seiner hohen und im Inland der Insel gelegenen Warft hatte er sich stets sicher gewähnt.

Doch in dieser Nacht war die Flut unersättlich, sie fraß alles in sich hinein, und jetzt streckte sie ihre Klauen nach dem Anwesen von lpke Rotfuchs aus. Inmitten seiner Familie, Mägden und Knechte gewahrte er mit Grauen, wie die Flut in sein Haus drang und höher und höher stieg. Seine letzte Stunde war angebrochen.

Das Meer tobte mit so entfesselter Wut, dass Steine aus den Mauern fielen, das Dach sich löste und die Mauern eingedrückt wurden. Eine mächtige Grundsee schoss heran, richtete sich urgewaltig auf und brandete mit Wucht gegen das Haus und brachte es völlig zum Einsturz. Im nächsten Augenblick wurden die Menschen von einer mächtigen Woge erfasst und empor getragen, um wenige Sekunden später mit ungeheurer Gewalt in die Tiefe geschleudert zu werden. Erbarmungslos wurde Ipke hinuntergezogen, bis er nichts mehr vernahm.

Auch der alte Koog in der Pellwormharde glich einer Wasserwüste. Nur die große Kirche und einige Warften ragten aus der tobenden See. Die Warft von Nickels Edlefsen gehörte zu den mächtigsten des Strandes; die Flut würde hier nichts anrichten können. Doch der Sturm war so zornig, dass das Haus in seinen Grundfesten erzitterte. Jedoch noch mehr. Jählings erleuchtete eine vom Himmel herabstürzende Flammenlohe das Haus, und ein Donnerschlag folgte. Das Gebäude verwandelte sich im gleichen Augenblick in ein einziges Flammenmeer. Es prasselten Steine und brennendes Holz herab – kreischende Wehlaute aus Menschenmund wurden vom Tosen des Sturmes erstickt. Sturm und Feuer machten das Haus dem Erdboden gleich.

Um dieselbe Zeit gab Staller August von Besenborstel den Strand verloren. Nach dem Einbruch bei Stintebüll war sogleich ein anderer bei Heverdamm und ein dritter bei Lith erfolgt. Etwa eine Stunde vor Mitternacht waren die letzten Wachen zum Stallerhof zurückgekommen und hatten den zehnten, elften und zwölften Bruch auf der Insel gemeldet.

Danach waren die Meldungen ausgeblieben; große Teile des Strandes standen tief unter Wasser, und um Mitternacht waren auch die letzten Köge gefallen; der Strand war zu einem wüsten Meer geworden, in dem die Leichen der Inselbewohner und die Leiber ertrunkener Tiere trieben.

Der Sturm hatte keinen Augenblick nachgelassen; er heulte und tobte über die dunkle und schaumbedeckte See. Nach den Regeln vom Fallen und Steigen der Flut sollte man das Sinken bereits seit Stunden feststellen können, dennoch stieg die Flut unvermindert.

Diele und Wohnzimmer des Stallerhofes waren dichtgedrängt voller Menschen, die rechtzeitig aus der näheren Umgebung hierher geflüchtet waren. Die hohe Warft mit dem festen Gebäude bot Schutz gegen das wütende Meer. Nach menschlichem Ermessen würden sie hier die Flut überdauern können.

Inmitten der verschüchterten Menschen saß Staller August von Besenborstel. Er war wie benommen und zum Nichtstun verurteilt, und er konnte im Augenblick keine klaren Gedanken fassen. Das war das Ende des Strandes, und was hatte er, was hatten die Strander falsch gemacht, welche Versäumnisse hatten sie auf sich geladen, ging es ihm durch den Kopf?

In wenigen Stunden hatte das Meer Deiche und Bollwerke vernichtet, an denen Menschen seit Generationen gearbeitet und gebaut hatten. In einem Atemzug war alles weggewischt, als ob Menschenwerk auf dieser Welt rein gar nichts war. Wie war es möglich, dass der Mensch mit all seinen Berechnungen solchem Aufruhr der Elemente machtlos gegenüberstand? Quälende Fragen drückten den Staller.

Die Deiche, so sagte sich August von Besenborstel, waren an weiten Abschnitten in keinem besonders guten Zustand und fast an der ganzen Linie nicht hoch und stark genug gewesen. Lag hier ein Selbstverschulden der Strander vor?

Mit Grauen dachte August von Besenborstel an den kommenden Morgen nach dieser schrecklichen Nacht, in der die Flut dem Strand den Todesstoß versetzt hatte.

Noch legte sich der Sturm nicht, doch als die Nacht, die den Überlebenden wie eine Ewigkeit dünkte, widerstrebend dem Tag wich, ließ der Zorn des Windes und der Wellen allmählich nach.

Es war nun mehrere Wochen später, die Toten waren beerdigt, und das ertrunkene Vieh war beseitigt. Die Insel Strand hatte einem Schlachtfeld geglichen. Überall Leichen ertrunkener Inselbewohner und ringsum aufgeblähte Leiber toter Tiere, die meisten Häuser lagen in Trümmern. Von den etwa neuntausend Menschen des Strandes hatten nur knapp ein Drittel überlebt, und rund 50.000 Tiere waren umgekommen. Vor einigen Kögen war der Deich dem Erdboden gleichgemacht. Riesige Wehlen öffneten der Flut das Land, und stellenweise glich der Deich einer Hügellandschaft. Eine grauenhafte Bilanz.

Die Flut kehrte täglich wieder; sie floss ein und aus und fraß mächtige Ströme tief ins Land. Das Sterben des Strandes ging unerbittlich weiter; immer mehr Häuser, die den ersten Ansturm überstanden hatten, stürzten ein. Kirchen und Mühlen wurden vernichtet. Und dies alles vollzog sich so grässlich schnell und gleichsam beiläufig, dass nicht einmal ein Schrei, ein Ruf des Entsetzens laut wurde; die Überlebenden waren wie gelähmt und von Zweifeln und Hoffnungslosigkeit geplagt.

Viele der Überlebenden verließen die Insel. Sie wollten weg vom Strand, auf dem ein Fluch zu liegen schien. Es fehlte ihnen der Wille zum Durchhalten. Nein, sie wollten nicht von neuem bedeichen.

Die Zurückgebliebenen kämpften um das nackte Leben, es ging um des Leibes Notdurft. Vielleicht ja, vielleicht würden sie später ein neues Werk beginnen. Dieser kleinen Gruppe war noch ein wenig Hoffnung geblieben.

An einem Abend im November desselben Jahres war Staller August von Besenborstel noch einmal am Deich. Wo Ufer ist, dachte der um Jahre gealterte Mann, dort beginnt, dort endet etwas. Wo aber waren die Ufer des Strandes heute, und wo begann jetzt etwas für die einst blühende und von Leben pulsierende Insel, die nun als zerschlagene und weitgehend abgestorbene Landmasse im Wattenmeer lag?

Der Mond stand über dem Wattenmeer. Im Norden leuchteten Widerscheine unsichtbarer Blitze; gespenstisch zeichneten sich die Umrisse einer Turmruine gegen den Horizont ab, und am Fuß des geschundenen Deiches gurgelte das dunkle bleifarbene Wasser, das durch die Wehlen strömte. Sonst war alles merkwürdig ruhig, nur aus der Ferne das Grollen der Nordsee. Vor den Mond schob sich ein riesiges Wolkengebirge und hüllte die Landschaft und den Himmelsraum in völlige Dunkelheit.

So war nun alles zu Ende.

* * *

Die Geschiche der alten Insel Strand endete durch die Oktoberflut von 1634. Den wenigen Überlebenden und zurückgebliebenen Strandern gelang es nicht, die Insel wieder neu zu bedeichen. Lediglich Reste der alten Insel Strand wurden im Laufe vieler Jahre und Generationen zurückgewonnen. Es entstanden die heutigen Inseln Nordstrand und Pellworm, aus dem ehemals wüsten und hohen Moor wurde die Hallig Nordstrandischmoor und aus dem Ansingkoog die Hamburger Hallig.

Über weite Gebiete, wo die große Vergangenheit der Insel Strand liegt, rollen nunmehr seit fast vierhundert Jahren die Wogen der Nordsee.

* * *

St. Salvator im Siegel von ALT NORDT STRAND.
Auf dem Schriftband steht: – S.DER. FVNF. HERDES.
RETHE. LANDIS. NORTD.STRAND. –

Die Tatsachen beruhen auf den Angaben nordfriesischer Chronisten – zur Hauptsache Anton Heimreich, Matthias Boetius und Johann Petreus.

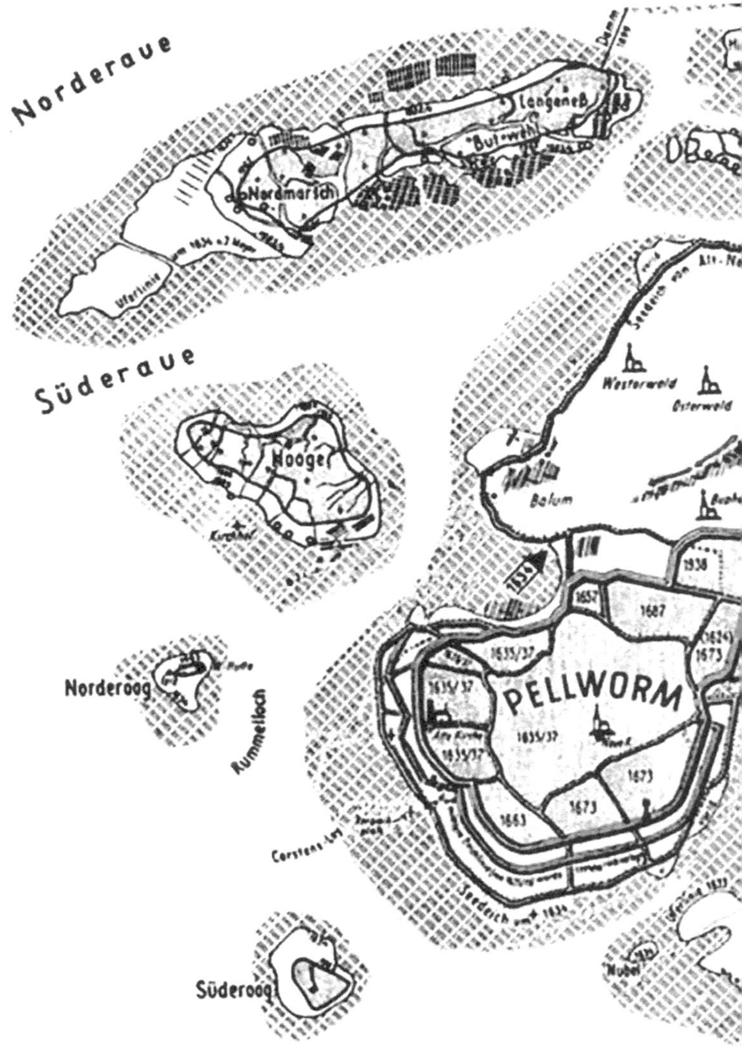
Norderaue
Süderaue
Langeneß
Nordmarsch
Hooge
Norderoog
Rummelloch
Süderoog
PELLWORM
1938
1657
1687
1635/37
1663
1673
Nubel

Habel
Südhorn
Seedeichlinie des Festlandes um 1634
Seedeichlinie 1965
Bredst
Hamburger Hallig
Moderhallig
Nordstrandischmoor
Seedeich um 1634
Norderhever 1634
Strandley
Morsum
NORDSTRAND
1654
1657
1739
1771
1865
1925
1663
1691
Südfall
Seedeichlinie

Die Burchardiflut von 1634

Eine historische Dokumentation von Dr. Dirk Meier

Der Burchardiflut fielen in der Nacht zwischen dem 11. und 12. Oktober 1634 an der schleswig-holsteinischen Nordseeküste zwischen 8.000 und 15.000 Menschen zum Opfer. Diese Katastrophe traf das Land während des Dreißigjährigen Krieges in einer Zeit ökonomischer Schwäche, nachdem schon 1603 eine Pest zahlreiche Einwohner das Leben gekostet hatte. Die Deichunterhaltung litt ferner unter den Kriegswirren. So kam es aufgrund der herzöglichen Eingriffe in die Wehrverfassung und der Zwangseinquartierung von Soldaten 1628/1629 zu Kämpfen zwischen den Einwohnern Strands und den Truppen Herzogs Friedrich III. von Schleswig-Holstein-Gottorf. Nachdem die Strander zunächst ein kaiserliches und auch herzogliches Heer schlagen konnten, mussten sie sich 1629 unterwerfen. Als 1634 die Burchardiflut die Deiche traf, waren diese auch infolge der Sturmflut 1612 und der Eisflut von 1625, in der Eisschollen zu Schäden geführt hatten, nicht mehr in gutem Zustand. Dann brach 1634 das Unheil über die Insel herein.

Nachdem in den Tagen vor der Flut ruhiges Wetter geherrscht hatte, zog – wie Augenzeugen bestätigen – am 11. Oktober ein kräftiger Sturm aus Osten herauf, der sich im Laufe des Abends nach Südwest drehte und sich zu einem Orkan aus Nordwest entwickelte. Wahrscheinlich war es ein Sturmtief des Jütland-Typs, das auf kleinem Raum und für relativ kurze Zeit sehr hohe Windgeschwindigkeiten erreicht. So ein Sturmtief bildet sich über Neufundland, zieht von hier aus über England sowie die Nordsee nach Osten oder Südosten und überquert dann die Nordsee. Zwar sind diese Tiefs eher regional begrenzt, entfalten aber hohe Windstärken. Selbst bei niedrigen Tiden erzeugen sie Sturmfluten, wie dies 1634 als auch 1976 der Fall war.

Die größten Landverluste traten im Bereich der Insel Alt-Nordstrand ein. Ob hier die geplante Abdämmung der Rungholt Bucht über die Hallig Südfall hinweg die am 11. Oktober 1634 hereinbrechende Katastrophe hätte verhindern können, ist aufgrund der sich vertiefenden Norderhever fraglich. So schreibt auch der 1626 in Trindermarsch als Sohn des Predigers Johann Heimreich geborene Anton Heimreich, der die große Flut als Junge erlebte, es *wäre auch unmöglich gewesen, den strengen Lauf des zwischen Pellworm und Südfall hinstreichenden Fallstromes überzudammen.*

Die Burchardiflut riss die etwa 22.000 ha große hufeisenförmige Marschinsel Alt-Nordstrand mit ihren 28 Kögen und 22 Kirchspielen auseinander, wobei etwa 6.035 Menschen – etwa zwei Drittel der Inselbevölkerung – in der Sturmnacht ihr Leben verloren. Nach Ausbrechen des Sturms hatten die Menschen nur etwa vier Stunden Zeit für ihre Rettung gehabt, gerieten sie ins kalte stürmische Wasser, ertranken sie sofort oder erfroren binnen kürzester Zeit. Etwa 1.336 Häuser und 30 Windmühlen waren ebenso zerstört worden wie auch mehrere Kirchen und 6 Glockentürme. In Evensbüll spülte die Flut den Krug weg, wo sich die Deichrichter versammelt hatten. Nachdem das Meer die Häuser auf den Warften zerschlagen hatte, trieben die Hausreste und Dächer davon, auf denen sich die Menschen in ihrer Not geflüchtet hatten. Einige ertranken auch in ihren Betten. Hausrat, Tierkadaver und Ertrunkene trieben auf den Wellen umher. Manche Menschen, die sich in ihrer Not zusammengebunden hatten, um gemeinsam zu überleben oder zu sterben, fand man Tage später an den Küsten. Den Verlust an Vieh beziffert Heimreich mit über 50.000. Vielerorts brachen Brände aus, weil das offene Feuer in den Kaminen infolge des Sturmes die Häuser in Brand steckte. Nahezu alle Deiche waren in Mitleidenschaft gezogen worden oder ganz weggespült. Die noch erhaltenen landwirtschaftlichen Nutzflächen waren versalzt.

Nachdem sich am 11. Oktober 1634 die stürmischen Wassermassen in der Rungholt Bucht gestaut hatten, bahnten die Deichbrüche bei Brunck-Stintebüll der Norderhever 1634 ihren Weg mitten durch die alte Insel. Die sich vertiefenden Prielströme zerschnitten das Kulturland, bedeckten die Reste mit Sedimenten und führten so zur Entstehung von Wattflächen. Neben der Norderhever drang nördlich von Pellworm das Rummelloch – ausgehend von einer großen Deichbruchstelle bei Balum – in das Gebiet des Kirchspiels Buphever ein und schuf eine Verbindung zur Norderhever. Die Kirchspiele von Balum, Buphever, Ilgrof, Brunock, Wester- und Osterwold, Bupte, Bupsee, Bupsloot, Königsbüll, Volgsbüll, Rorbeck, Stintebüll, Gaikebüll, Esbüll, Morsum, Ham sowie Teile der Trindermarsch und Hersbülls gingen unter. Auch an den nördlichen Deichen der Insel Strand traten 1634 Zerstörungen ein. Hier drang die Süderau vor.

Nach 1634 blieben von der alten Insel Strand nur Teile der Pellwormharde, ein Teil der Kirchspiele von Odenbüll und Gaickebüll, die den Kern der heutigen Insel Nordstrand bilden, und das alte Hochmoor der Insel erhalten. Im Norden und Osten überdauerten einige zerfetzte Marschflächen als Halligen, die sich an der ehemaligen Küstenlinie der Insel orientierten. Die Angaben der Augenzeugenberichte über die Fluthöhen variieren teilweise erheblich. An den Festlandsdeichen erreichte die Sturmflut etwa eine Höhe von 4 m über dem Mittleren Tidehochwasser und lag damit in Husum um 11 cm unter der von 1976.

Entscheidend für die schnellen Landverluste war auch die vor allem in den anmoorigen Gebieten durch Entwässerung tiefer gelegte Landoberfläche, deren Böden sich infolge der Kultivierung weiter gesetzt hatten und unter den Stand des Mittleren Tidehochwassers geraten waren, so dass nach Deichbrüchen auch bei Abklingen der Sturmflut das Hochwasser bei normaler Tide zweimal am Tag die restlichen Kulturlandflächen überschwemmte.

Neben der Entwässerung auf Alt-Nordstrand hatten die Bewohner auch die Torfschichten abgegraben, um den darunter liegenden fruchtbaren Kleiboden nutzen zu können. Insofern man den Torf nicht benötigte, verfüllte man damit alte Gräben. Waren die Deiche durchbrochen, lief das Wasser oft gar nicht mehr ab. Erschwerend kam hinzu, dass man sich über einen wirksamen Küstenschutz oft nicht einig werden konnte.

Letztlich kamen mehrere Faktoren zusammen: der Dreißigjährige Krieg hatte die ökonomischen und sozialen Rahmenbedingungen stark verschlechtert, das parallel der Flut sehr hoch auflaufende Wasser traf auf größtenteils nicht sehr gute Deiche, in Alt-Nordstrand lagen viele Kulturlandflächen unterhalb des Mittleren Tidehochwassers, und das rasche Aufziehen des Unwetters traf die Menschen unvorbereitet. Ferner trat die Flutkatastrophe nach Deichbrüchen in der Dunkelheit ein und weitete sich zur Brandkatastrophe aus.

Region	Tote	Überlebende Hauswirte (Bohlsmänner)	Überlebende Kötener (Kätner)	Zerstörte Häuser
Pellworm	1012	56	7	191
Buphever	340	30	7	90
Osterwold	394	6	?	43
Westerwold und Balum	164	17	2	56
Volgsbüll	340	4	3	75
Königsbüll	212	18	0	62
Bupsee und Bupschlot	490	24	2	95
Buptee	260	6	0	52
Esbüll	170	13	0	39
Rorbeck	380	5	0	94
Lit	171	9	2	41
Ham	365	21	1	72
Morsum	350	16	0	84
Hersbüll	30	6	4	11
Evensbüll	234	33	16	37
Odenbüll	142	27	5	38
Gaikebüll	232	26	5	73
Trindermarsch	100	33	6	33
Stintebüll u. Brunock	366	16	0	75
Ilgrof	283	9	1	75
Summe gesamte Insel	6035	375	61	1336

Aufstellung der Schäden und Überlebenden nach der Sturmflut von 1634 nach dem „Verzeichnis der Menschen, so den 11. Octobris 1634 in der Nacht im Nordstrande in der hogen Wasserfluth jämmerlich ertrunken und umbgekommen" aus der Descriptio Insulae Nordstrandicae von Peter Sax.

Stich der Burchardiflut von 1634, betitelt mit: „Die erschreckliche Wasser Fluth", zeitgenössische Darstellung.

Karte Seite 120/121:
Veränderungen der Küstengestalt 1634, dargestellt unter Verwendung von historischen Kartenunterlagen und schriftlichen Quellen von Fritz Fischer. Aus: Albert Bantelmann, Die Landschaftsentwicklung an der schleswig-holsteinischen Westküste, Die Küste (Archiv für Forschung und Technik an der Nord- und Ostsee), Jg. 14, Heft 2, Heide 1966.